2019年 法改正
完全対応

# 親が元気なうちからはじめる後悔しない相続準備の本

公認会計士・税理士
五十嵐明彦

Discover
ディスカヴァー

何が、どう変わる？

# 40年ぶりの「相続法」改正カレンダー

| 施行日 | 改正内容 | 解説 |
| --- | --- | --- |
| 2019年1月13日 | **遺言書の一部がパソコンで作れるように！**<br>自筆証書遺言の方式緩和<br>本文26ページ参照 | 手書きしか認められていなかった自筆証書遺言が、財産目録についてはパソコンで作成することが可能となり、また通帳のコピーでも預金を特定させることができるようになりました。<br>これまでは、預金の種類や不動産の件数が多い場合に財産目録を手書きで書くのが大変でしたが、自筆証書遺言の作成がしやすくなりました。 |
| 2019年7月1日 | **故人の預貯金を引き出すことが可能に！**<br>預貯金の払い戻し制度<br>本文32ページ参照 | 亡くなった人の預貯金口座は、遺産分割協議が終わるか、あるいは相続人全員の同意がないと引き出すことができませんでしたが、一定額については相続人が単独で引き出すことができるようになりました。<br>これにより、葬儀費用などの必要な資金を引き出せないといった不便さが解消されました。 |
| 2019年7月1日 | **長男の妻も財産を取得することができるように！**<br>特別寄与料制度<br>本文30ページ参照 | 財産は相続人しか相続できないため、相続人でない者の介護などの貢献が報われず不公平感がありました。<br>たとえば、長男の妻などの相続人ではない親族が介護を続け、その結果、義父母の財産が維持されたり増加したりしたと認められる場合などは、「特別の寄与」が認められ相続人に対してお金を請求できるようになりました。 |

2019年
**7月1日**

## 婚姻期間20年以上の夫婦の自宅の贈与が、遺産分割の対象外に！

**遺産分割に関する見直し**

本文22ページ参照

故人の配偶者に自宅を贈与した場合、これまではその贈与された自宅も含めて遺産分割の取り分を決めることとなっていたため、配偶者が自宅に住めなくなるケースがありました。配偶者を保護する観点から、婚姻期間20年以上の夫婦が配偶者に自宅を贈与した場合には、その自宅は遺産分割の対象から除外されることになりました。

2020年
**4月1日**

## 配偶者がそのまま自宅に住めるように！

**配偶者居住権の創設**

本文19ページ参照

故人の配偶者が自宅を相続すると、その他の相続人が預貯金を相続してしまい、配偶者の手元に預貯金が残らず生活に困るケースや、自宅に住み続けられないケースなどがありました。これについて、自宅の価値を「所有権」と「配偶者居住権」に分けて、配偶者は「配偶者居住権」のみを相続することで、相続する不動産の価値が少なくなり、自宅に住み続けながらも預貯金の取り分も増やせるようになります。

2020年
**7月10日**

## 遺言書を法務局に預けることが可能に！

**自筆証書遺言の保管制度の創設**

本文28ページ参照

自筆証書遺言は自宅で保管されていることが多く、見つからない場合があったり、裁判所で遺言書の確認をしてもらう「検認」という手続きが必要なため、相続発生後の手続きが煩雑で時間がかかるというデメリットがありました。
今後は、法務局で保管をしてもらうことが可能になり、紛失などのリスクがなくなるとともに、法務局で保管してもらう自筆証書遺言については検認の手続きが不要となり、相続手続きがスムーズに進められるようになります。

# はじめに

２０１５年の税制改正により、相続税の大増税時代がはじまりました。
当初は相続税の課税対象者が１・５倍に増えるといわれていましたが、最近の調査では、アベノミクスによる地価や株価の上昇もあって、**課税対象となる世帯は増税前の６００万世帯から倍増している**といわれています。

実際に、私が現在、依頼される相続税の申告の約半分は、税制改正前であれば相続税がかからなかった人からのものになっています。つまり、これまで相続税には縁がなかったかもしれないみなさんにも、相続税対策が必要になる時代がやってきたというわけです。

**相続税は原則として、相続が発生してから10か月以内に、みなさんが「現**

**金」で支払わなければならない**ものです。

相続した財産が現金や預金であればそこから支払うことができますが、不動産などお金に換えるのが難しい財産の場合、相続税は自分の預貯金から支払わなければなりません。

**このとき、もしもみなさんに手持ちの預貯金がなく、現金でこれを支払えない場合には、財産を差し押さえられたり、最悪の場合「破産」ということも考えられます。**


相続問題は、相続税の話だけではありません。

「相続争いなんてお金持ちだけの話」と考えられがちですが、実は家庭裁判所で行われた遺産分割調停のうち、**相続財産が5000万円以下の案件が全体の約75%を占めている**というデータもあります。

仲がよかった兄弟姉妹が相続問題をきっかけに口もきかないほど険悪な仲に

なったというのは、実際よくある話です。相続の問題は、相続財産の大小にかかわらず、必ずみなさんにも生じる問題と考えなければなりません。**後悔しないためには、親が元気なうちから対策をはじめることです。**

本書は、**親から相続を受ける子どもの目線**に立って、親から相続を受けるみなさんが、どのように相続の準備を進めたらよいか、また実際に相続が起こった後でどのようなことをすべきかについて、身近で簡単に読める事例を取り入れながら解説させていただきました。

**国は相続税を増税することによって、税収を増やそうとしているだけではありません。**相続対策という名のもと、親世代の財産をみなさんたち若い世代に移し、みなさんがそのお金を使うことで消費を活性化させ、景気をよくしようという意図もあります。

このような国の政策を上手に使いながら、みなさんが相続の対策をすることは、みなさんが支払う税金の額を少なくするだけでなく、結果として日本の景気をよくすることにもつながります。

みなさんが行う相続対策によって、みなさんだけでなく、世の中全体が恩恵を受けることになるわけです。

本書をきっかけにみなさんが一日も早く相続対策をはじめられ、いざ相続というとき、スムーズに手続きが進むことを心より願っております。

２０１９年10月

公認会計士・税理士　五十嵐 明彦

本書は、２０１４年に発行した『「相続税、私が払うの?!」とあわてる前に子どもがやるべき相続準備の本』（小社刊）を改題し、法改正に合わせて改訂したものです。

目次



## 第1章 相続法はこう変わった

第2章

## 親が元気なうちにやっておくこと

第3章

## 兄弟姉妹と話し合っておくこと



第4章

## 節税対策でできること

第5章

## 不動産でやっておくこと

## 第6章 親の死後にやるべきこと

第1章

# 相続法はこう変わった

# 40年ぶりの大改正！

２０１８年7月に、相続に関係する法律（相続法）の改正が決まりました。すでにいくつかは施行され、残りはこれから順次、施行されていくことになります。

相続税については、２０１５年に税制改正が行われて大増税が行われたのが記憶に新しいところです。今回は１９８０年以来、**約40年ぶりに相続法の大きな見直しがされるようになった**ことから、あらためて大きな話題となっています。

## 時代に合わなくなった相続法

相続法が見直しをされなかったこの40年の間に、日本人の平均寿命は延び、高齢化が進行するなど、社会情勢の大きな変化がありました。

そのため、しだいに**相続法が時代に合わなくなり、法律でもっと保護をしなければならない人も増えてきています。**

実際に80歳以上で亡くなる方は、1990年では40％程度でしたが、現在は70％程度まで増えています。90歳を超えて亡くなる方も増え続けていて、相続させる被相続人の高齢化は、今後もさらに進むと考えられています。

**相続する子どものほうも高齢化**しています。相続させる側が80代、90代となると、相続する子どもは60代、場合によっては70代ということも考えられ、相続させる側もする側もともに老人という、いわゆる**「老老相続」が増加**しているのです。

このような背景もあり、高齢になってから相続することになる配偶者（妻または夫）を保護するため、**認知症になる前に遺言書を書いてもらえるよう、遺言書を作成しやすくしたり、手続きを簡単にしたりする法律の改正**が今回行われたというわけです。

おもな改正のポイントは、次の６つです。

**1　配偶者がそのまま自宅に住めるように**
**2　婚姻期間20年以上の夫婦の自宅の贈与が、遺産分割の対象外に**
**3　遺言書の一部がパソコンで作れるように**

4　遺言書を法務局に預けることが可能に
5　長男の妻も財産を取得することができるように
6　故人の預貯金を引き出すことが可能に

# 1

## 配偶者がそのまま自宅に住めるように

夫または妻が亡くなったときに、残された配偶者（妻または夫）が生活できなくなってしまうことがないようにするために、配偶者がまずは生活の基盤である自宅に優先的に住むことができるようになりました。この配偶者が自宅に住み続けることができる権利を**「配偶者居住権」**といいます。

日本人の典型的な相続は、自宅（持ち家）と少しの預貯金であることから、実は相続が発生した場合に問題が起きるケースが少なくありませんでした。

たとえば夫が亡くなり、相続するのが妻と子どもという場合、法律上の妻の取り分は1／2、子どもの取り分も1／2、つまり半分ずつ分けることになります。

ところが、夫が残した財産が2000万円の自宅と3000万円の預貯金だった場合、妻は住む場所として自宅を相続したいのに、取り分が1／2だと預貯金は500万円しか相続することができず、生活費が不足するという問題が生じていたのです。

そこで、自宅の相続を、自宅を所有する権利と自宅を使う権利とに分けて、自宅を使う権利、つまり**自宅に住む権利を妻（配偶者）に優先的に認める**ことにしました（配偶者居住権の創設）。

自宅の2000万円の価値を、1000万円の所有権と1000万円の配偶

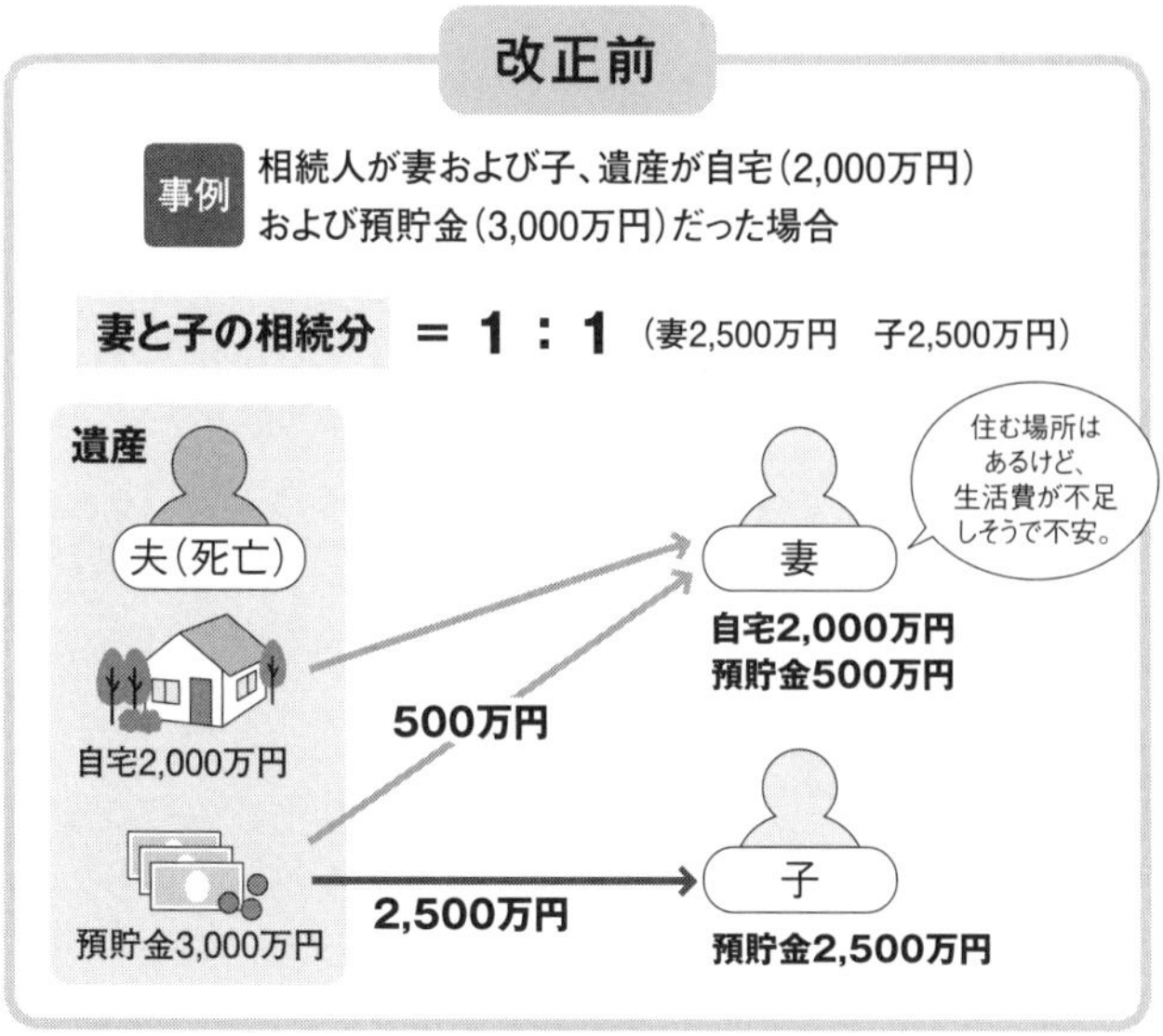
改正前
事例 相続人が妻および子、遺産が自宅(2,000万円)
および預貯金(3,000万円)だった場合
妻と子の相続分 = 1 : 1 (妻2,500万円 子2,500万円)
遺産
夫(死亡)
自宅2,000万円
預貯金3,000万円
500万円
2,500万円
妻
住む場所はあるけど、生活費が不足しそうで不安。
自宅2,000万円
預貯金500万円
子
預貯金2,500万円

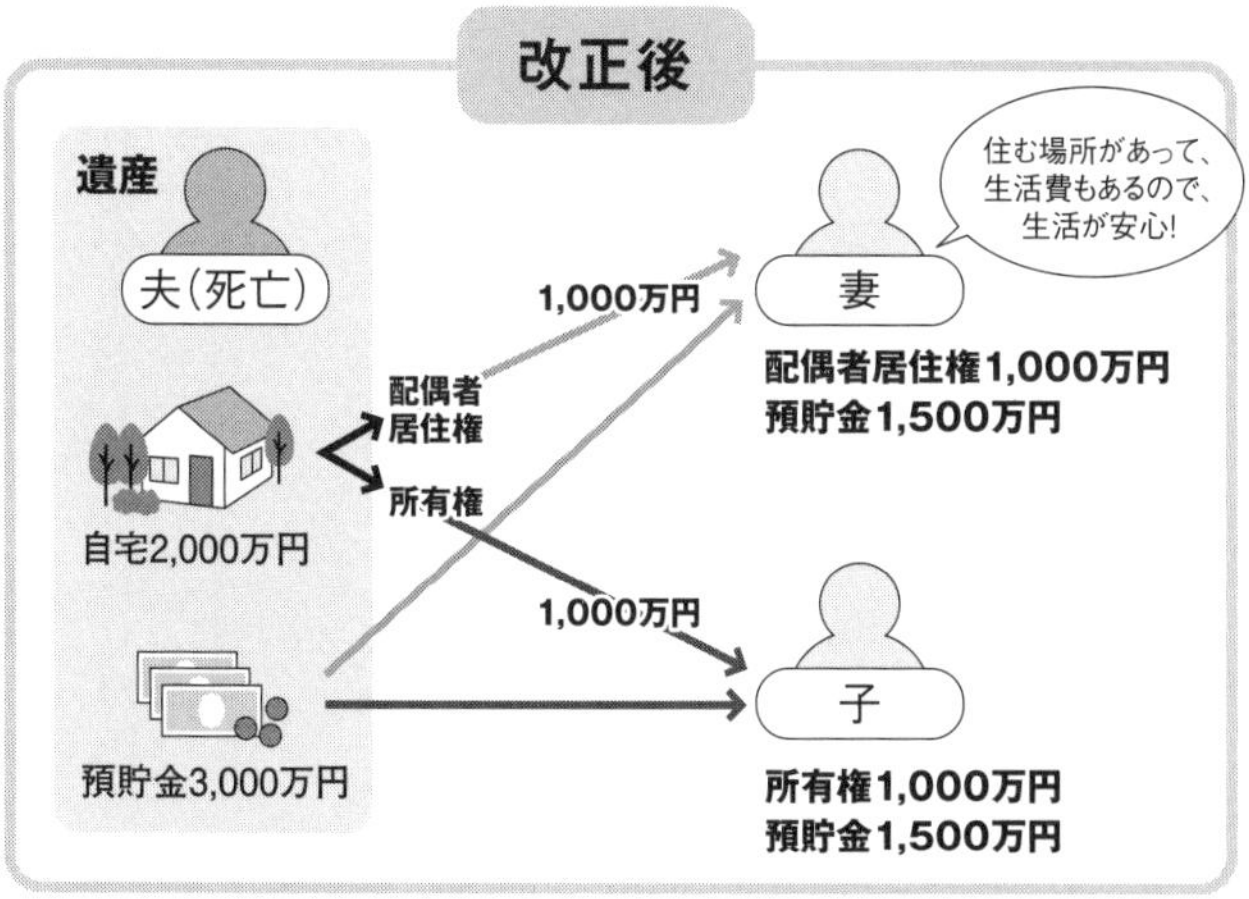
改正後
遺産
夫(死亡)
自宅2,000万円
預貯金3,000万円
配偶者居住権
所有権
1,000万円
1,000万円
妻
住む場所があって、生活費もあるので、生活が安心!
配偶者居住権1,000万円
預貯金1,500万円
子
所有権1,000万円
預貯金1,500万円

者居住権とに分けて、子どもが所有権の1000万円を、妻が居住権の1000万円をそれぞれ相続することにより、妻はこれまでよりも1000万円多い1500万円の預貯金を相続することができ、安心して生活できるようになるというわけです。

この制度は、2020年4月1日からスタートします。

## 2 婚姻期間20年以上の夫婦の自宅の贈与が、遺産分割の対象外に

夫（妻）が妻（夫）に財産をあげると「贈与税」という税金がかかりますが、結婚して20年以上経つ夫婦が相手に自宅をあげた場合には、2000万円までは贈与税がかからないという特例があります。

自宅はほとんどの場合、夫婦で築いた財産ですから、夫婦間で贈与をしたときに税金をかけるのはかわいそうだということで認められている制度です。ところが、この制度を使って、たとえば夫が自宅を妻に贈与した場合でも、夫が亡くなったときにはその贈与はなかったものと考えて、相続の取り分を決めなければならないことになっていました。

そのため、せっかく妻に自宅を贈与しても妻の取り分が増えるわけではなく、わざわざ生きている間に贈与した意味がなくなっていたのです。

そこで、税金の特例に合わせる形で**2019年7月1日から、婚姻期間が20年以上である夫婦間で自宅の贈与をした場合には、相続の取り分を決める際に、贈与した自宅はその対象としなくてよい**ことになっています。

夫の財産が2000万円の自宅と3000万円の預貯金で、合計5000万円だった場合を考えてみましょう。

これまでは、2000万円の自宅を夫から妻に生前に贈与していても、夫が亡くなったときは夫の財産を5000万円と考えて、妻と子どもで財産を分けることになるため、妻は2000万円の自宅のほかに500万円の預貯金しか受け取ることができませんでした。

今後は、2000万円の自宅はすでに贈与されていることから、取り分の計算の対象にはせず、3000万円の預貯金を子どもと1／2ずつ分けることになります。

そのため、妻は2000万円の自宅と1500万円の預貯金を相続することができるようになり、**妻の取り分が多くなる**のです。

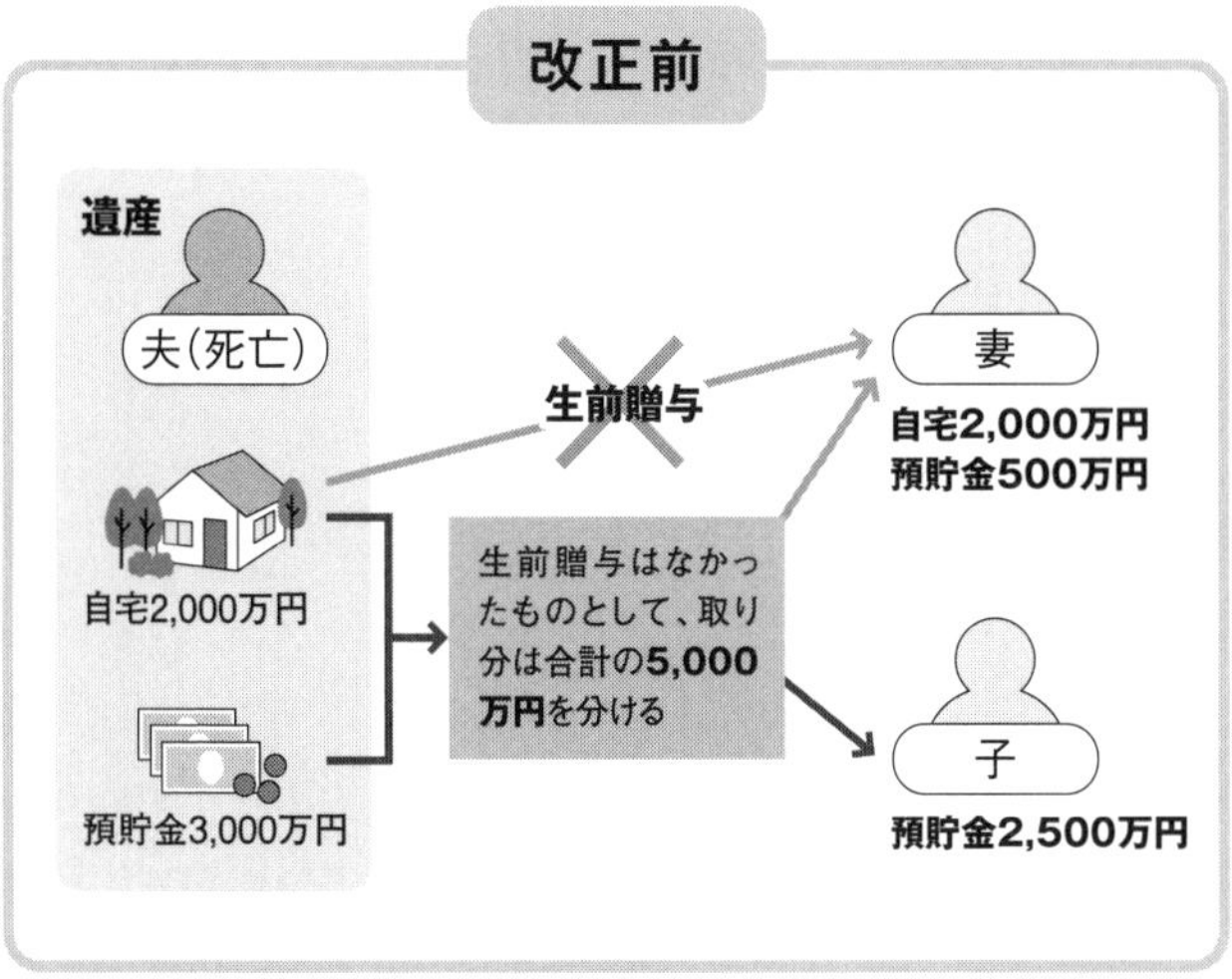
改正前
遺産
夫(死亡)
自宅2,000万円
預貯金3,000万円
生前贈与
生前贈与はなかったものとして、取り分は合計の5,000万円を分ける
妻
自宅2,000万円
預貯金500万円
子
預貯金2,500万円

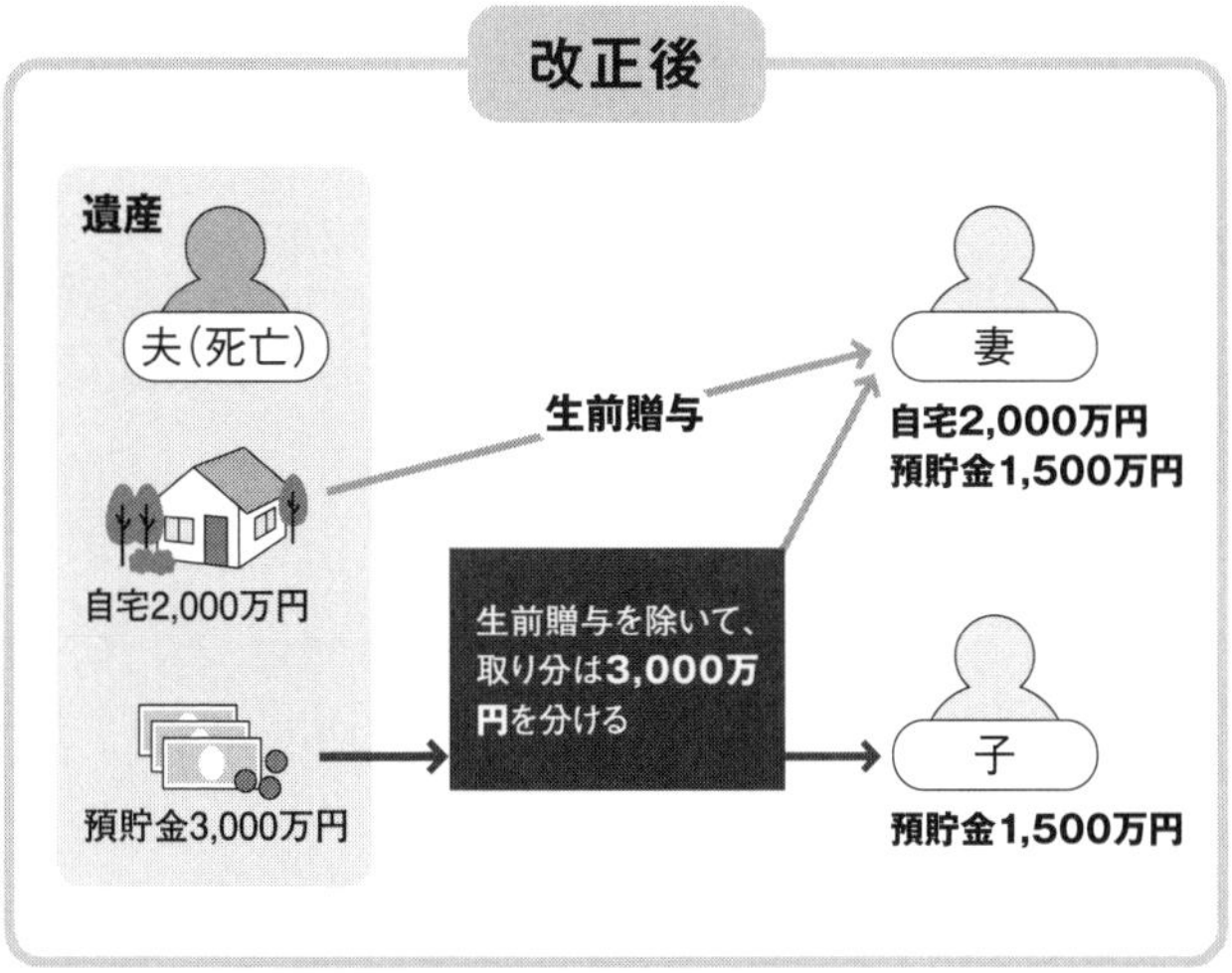
改正後
遺産
夫(死亡)
自宅2,000万円
預貯金3,000万円
生前贈与
生前贈与を除いて、取り分は3,000万円を分ける
妻
自宅2,000万円
預貯金1,500万円
子
預貯金1,500万円

# 3

# 遺言書の一部がパソコンで作れるように

自分で書く遺言のことを「自筆証書遺言」といいます。これまでは、そのすべてを自分で手書きしなければなりませんでした（遺言書については、第2章でくわしく解説します）。

「全財産を○○に相続する」というような簡単な遺言ならいいのですが、財産を複数の人間に相続させるという遺言を作るためには、その一つひとつを遺言に書かなければならなかったのです。

預金であれば銀行名、支店名、預金の種類、口座番号を、不動産であれば登記簿謄本に記載されている情報を、そのとおりに書かなければならないので、すべてを手書きするのはとても大変な作業でした。

そこで、**手書きをする負担が大きい「財産目録」部分については、パソコンで作ってもよいことになりました**（2019年1月13日より施行されています）。

財産目録については必ずしも文書形式でなくてもよくなり、不動産であれば全部事項証明書（登記簿謄本）、預貯金であれば通帳の表紙のコピー（金融機関名、支店名、預金の種類、口座番号、口座名義がわかる部分）などでも認められるようになりました。

これらによって、**一度作成した遺言書を書き直すなどの手間も減り**、自筆証書遺言はかなり作成しやすくなっています。

## 4

# 遺言書を法務局に預けることが可能に

テレビドラマでもよくあるように、自分で作った遺言書が見つからないとか、遺言書を本人が書いたかどうか疑わしい、といった問題がよく生じていました。

遺言書を書いたと聞いていたのに見つからなかったり、あるいは聞いていた内容と違っていたりすると、相続人の間で不信感が生じることになり、モメる原因にもなりかねません。

そこで、**２０２０年７月10日から自筆証書遺言を、法務局で保管する仕組みができました。**つまり、国が保管してくれるというわけです。

遺言書を作成した本人が法務局に預けることになるため、内容について疑いが生じることはありませんし、保管場所が法務局とわかっていれば、遺言書が見つからないということもありません。

さらに、これまで自筆証書遺言は相続人が家庭裁判所に持っていって「**検認**」という手続きをしなければならず、手間も時間もかかっていたのですが、法務局に預けてある場合には検認の手続きもいらなくなります。

この制度によって、遺言書を作ることのメリットがより大きくなり、遺言書を作成する人が増えることが考えられます。

## 5

# 長男の妻も財産を取得することができるように

長男の妻が長男の親の介護をしていた場合、長男が長男の親よりも先に亡くなってしまうと、長男の妻がどんなに長男の親の介護をしていても相続人にはなれないため、相続財産を受け取ることはできませんでした。

しかしながら、法律上の相続人以外の親族が無償で亡くなった人の介護を行ったなど、亡くなった人の財産を増やした、あるいは減らさなかったと認められる場合は、財産をまったく受け取ることができないと不公平になるため、**2019年7月1日から、そのような親族は相続人に対して金銭の請求をすることができるようになっています。**

## 改正前

**事例** 亡き長男の妻が、被相続人の介護をしていた場合

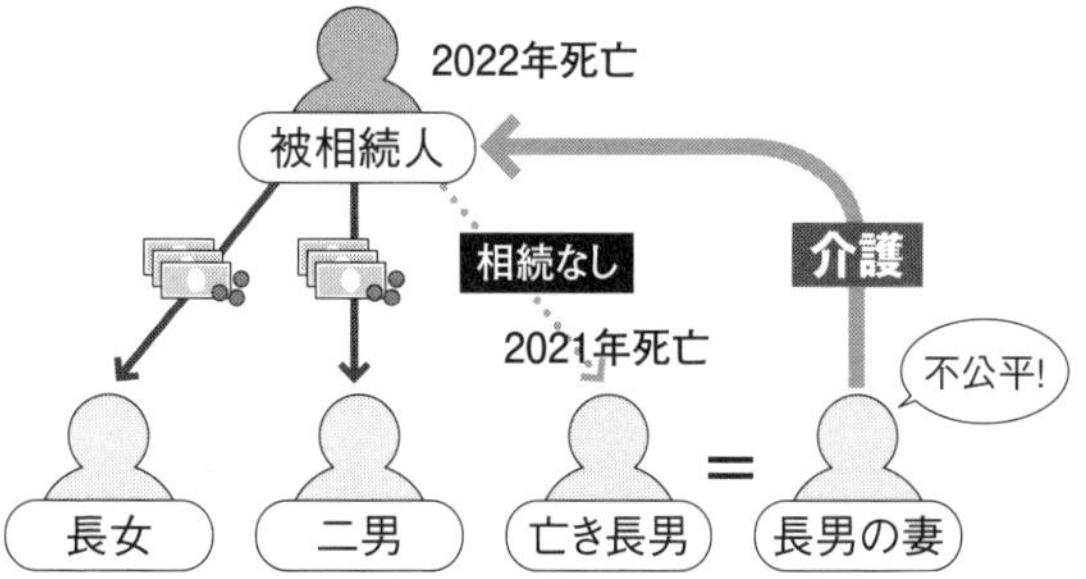


◎被相続人が死亡した場合、相続人（長女・二男）は、被相続人の介護をまったく行っていなかったとしても、相続財産を取得することができる。

◎他方、長男の妻は、どんなに被相続人の介護に尽くしても、相続人ではないため、被相続人の死亡に際し、相続財産の分配にあずかれない。

## 改正後

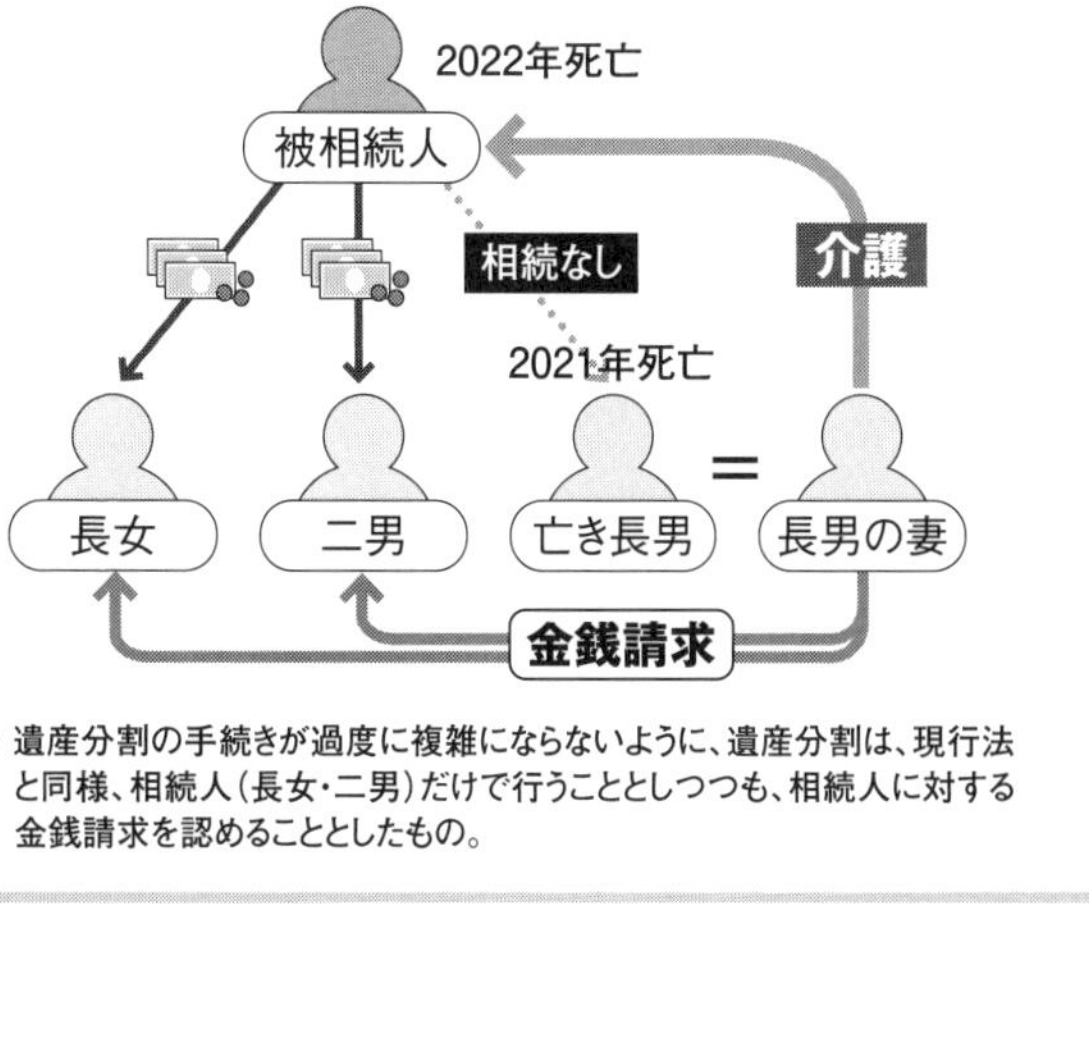


＊ 遺産分割の手続きが過度に複雑にならないように、遺産分割は、現行法と同様、相続人（長女・二男）だけで行うこととしつつも、相続人に対する金銭請求を認めることとしたもの。

これにより、長男の親の介護をした長男の妻は、相続人である長男の兄弟に対して金銭の請求をすることによって、財産を受け取ることができるようになったというわけです。

## 6 故人の預貯金を引き出すことが可能に

亡くなった人の預貯金は、遺産分割協議が終わるか、あるいは相続人全員の同意がないと引き出すことができません。そのため、相続が発生した後に、葬儀費用や医療費など、緊急で必要な資金を引き出せないという問題が生じることがありました。

そこで、今回の法改正によって2019年7月1日から、一定額については**相続人が単独で引き出すことができるようになっています。**

預貯金を引き出すには、①金融機関に直接依頼する方法と、②家庭裁判所に申し立てをする方法の2つがあります。

①の「金融機関に直接依頼する方法」には、金融機関ごとに、

**預貯金残高×1／3×相続人の法定相続割合**

という上限額があり、かつ1つの金融機関から引き出せる上限額は150万円となっています。

②の「家庭裁判所に申し立てをする方法」は、上限額は法定相続分（67ページ）となるため、①よりも上限額は大きくなりますが、裁判所への申し立て手続きが煩雑なことや、引き出しが必要な理由が必要になるというデメリットも

あります。

そのため、引き出したい額やその使途によって①と②を使い分ける必要があります。

第2章

# 親が元気なうちにやっておくこと

## えっ、私が相続税を？

２０１５年の税制改正により相続税の大増税時代がはじまりました。この税制改正でもっともみなさんに影響を及ぼすのが、**基礎控除額の引き下げ**です。

相続税の基礎控除とは、財産を相続しても一定金額まで税金がかからないというもので、パートタイマーの方の給与が年間１０３万円まで所得税がかからないのと同じようなしくみです。

基礎控除の額は、以前は次のように計算されてきました。

**5000万円＋1000万円×法定相続人の数**

**「法定相続人」**というのは、相続ができる人のことで、「民法」で決められています。たとえば、夫婦と子ども2人の家庭でご主人が亡くなった場合の法定相続人は、「奥さん」と「子ども2人」の合計3人で、基礎控除額は**5000万円＋1000万円×3人＝8000万円**。

つまり、相続する財産は、8000万円まで相続税がかからなかったというわけです。ところが、2015年からは、計算式が次のように変わりました。

**3000万円＋600万円×法定相続人の数**

先の例でいえば、基礎控除の金額は**3000万円＋600万円×3人＝4800万円に下がった**というわけです。これにより、自宅と少しの預貯金で計5000万円の財産があるような一般家庭でも、特に地価が高い都市部に自宅がある人は、相続税がかかる可能性が高まったといえます。

## 2人に1人が相続税の申告が必要⁉

相続財産が基礎控除の金額の範囲内であれば、相続税の申告はそもそも不要（相続税もかからない）なのですが、相続する財産の金額が基礎控除の金額を超えていても、さまざまな特例（詳細は第4章および第5章参照）を使うことで、相続税がかからないケースもあります。

ただし、この特例を利用するには、**相続税の申告をすることが必要**となります。

つまり、基礎控除が引き下げられると、これまでは相続財産が基礎控除の範囲内で、申告をする必要がなかった人も、相続税をかからなくするために特例を使わなければならないケースが増え、相続税の申告をしたり税理士に頼んだりという事務手続きをしなければならなくなることが増えるというわけです（都心部では２人に１人が相続税の申告をしなければならないと言われています）。

**このように、もはや相続税は一部の富裕層に限らず、都心のサラリーマンや地方の方にも十分に関係するものとなりました。**

つまり、これまで相続税に縁のなかったいわゆる〝ふつう〟の人たちも、**少しでも相続税を減らすために早くから対策をはじめる必要がある**というわけです（相続税対策は、早くはじめればはじめるほど、より節税することができる場合があります）。

## ２０１５年以降、相続税が０円→３００万円に

相続税について簡単に説明してきましたが、これでもまだみなさんは「相続対策なんて他人事」だと思っていないでしょうか？

- **自分には相続税はかからないから、相続対策なんていらない**
- **自分が相続するときになったら考えればいい**
- **自分の親はあと10年は生きるだろうから、もう少し経ってから考えよう**

こんなことを思っていると、気がついたときには手遅れになってしまいます。
実際に私が相続税の試算をさせていただいた方のなかでも、税制改正前であ

ればは相続税は1円もかからなかったのに、税制改正後、つまり2015年1月1日以降で試算をすると、300万円以上の相続税がかかったという方がいました。

この方は「自分に相続税はかからないだろう」と思いながらも、心配だからということで念のため試算に来られたのですが、**300万円も相続税がかかることを知って驚いていました**（この方はその後、相続税を0円にするための対策をはじめられました）。

もはや、みなさんにとっても、相続税は他人事ではありません。

**ぜひ、親御さんが元気なうちに、対策をはじめるようにしてください。**

# 相続の準備をはじめよう

親が亡くなると、みなさんは**まず死亡届を役所に提出し、葬儀の手配を行い、葬儀をすませ、お墓の手配**……とあわただしい日々を過ごします。これが落ち着くと、今度は**財産の相続**やその他の**事務手続き**に入ります。

このように、みなさんにとって相続は、実は想像以上の気力と体力を使うものです。

ちなみに「相続の手続き」で、よくご相談を受けるのは、

**・遺言書があるのかないのかわからない**

**・遺言書があると聞いていたが、どこに保管してあるかわからない**
**・どんな財産があるのかわからない**
**・金庫があるが開かない**

などなど、本当にさまざまです。

たとえば金庫ひとつとっても、開け方がわからないとそれだけで業者を呼ばなければならないため、手間やお金がかかりますし、あるのかないのかわからない遺言書を探すとなると、それは本当に至難の業です。

このようなことが起こらないよう、できればみなさんはご両親が元気なうちから少しずつでも、相続の準備を進めておかなければなりません。

# 相続とは？

**「親が生きているうちに財産を相続したい」**。相続の相談を受けるときに、よくこのようなお話をいただきます。気持ちはよくわかるのですが、親が生きている間は財産を**「相続」**することはできません。

相続とは、亡くなった人の財産を、残された家族が引き継ぐことです。

したがって、親の財産を相続するのは、親が亡くなったあとでなければなりません。ちなみに、財産を相続させる人（親）は**「被相続人」**、財産を引き継ぐ人（あなた）を**「相続人」**といいます。

これに対して、生きている間に財産をもらうことを「**贈与**」といいます。これなら、**親が亡くなる前に財産を引き継ぐことが可能**です（詳細は第4章以降を参照）。

「相続」も「贈与」も、財産を親から引き継ぐという点では同じですが、相続は財産を亡くなったあとに引き継ぐのに対し、贈与は生きている間に引き継ぐという点で異なります。

また、贈与はあげる側があげたい財産だけをあげることができますが、相続は通常、すべての財産を引き継ぐことになります。ですから相続の場合は、現金や預金、不動産といった**プラスの財産だけでなく、借金などマイナスの財産もその対象となります。**

**相続の場合は相続税、贈与の場合は贈与税**という税金がかかり、相続税と贈与税では大きく異なります。賢く財産を引き継ぎたいなら、こうした知識も必要です。

## 「財産」を確認する

突然ですが、みなさんは親御さんがどんな財産をどれだけもっているか知っていますか？

これを知らないまま親が亡くなり相続が発生した場合、みなさんは一から親の財産を探さなければなりません。したがって、**親が元気なうちに財産の種類や金額を知っておくことは重要**です。

- **銀行の口座**
- **証券会社の口座**
- **所有している不動産（土地や建物など）**

**・借金の有無**
**・生命保険**
**・ゴルフ会員権（など）**

たとえば銀行の口座などは、昔は金融機関に問い合わせれば、すぐに教えてもらえたものですが、今は時代が違います。口座一つ調べるにもみなさんが問い合わせをしたところで簡単には教えてくれませんし、書類を一つひとつそろえなければなりません。

このように、財産を探すのは、みなさんにとって相当手間のかかる作業になるのです。しかし、

**「俺の死んだあとの財産の話をするなんて、縁起が悪い！」**
**「俺を殺すなんて、不謹慎だ！」**

このようなことをおっしゃる親御さんは少なくなく、相続の話や遺言書の話を子どもから切り出されると、親子関係がぎくしゃくすることも多いようです。財産は、親子が一緒に暮らしていればある程度はわかりますし、普段から、多少は話をしているかもしれません。しかし、**親子が離れて暮らしていると、親の財産を知る機会は少ない**ものです。

このような状態で親が亡くなると、みなさんは家の中のタンスや引き出しを一つひとつ開けて探し回ったり、取引のありそうな銀行に問い合わせをするなどして、財産を探さなければなりません。

**財産がわからないと、兄弟同士でモメてしまうこともありえます。**

みなさんは、親の過去の収入や現在の生活環境から、財産がどのくらいあるか、ある程度の予測をしていませんか？

もしそれが、思っていたよりも少なかったり（たとえば、預貯金は5000万円くらいあるだろうと思っていたら、実際には1000万円だったなど）したらどうでしょう。

もっと財産があるはずだと感じて、**「兄（弟）が財産を隠しているかもしれない」**と思ったり、**「兄（弟）が生前にもらって使ってしまったのではないか」**と疑ったり、あるいは反対にほかの兄弟から疑われたりする可能性があるのではないでしょうか。

このような争いを避けるためにも、**親御さんが元気なうちにぜひ、財産にはどのようなものがあるかを、直接聞くようにしてみてください。**

## 保管場所を聞いておく

どのような財産があるかを聞くことは大事ですが、実際に相続の手続きを進めるにあたっては、それらの**財産がどこにどのような状態であるかを聞く**ことも大切です。

「自宅に現金が500万円ある」と聞いていても、それがどこにあるかわからなければ、みなさんはこれを見つけることができません。

**「金庫の中」**なのか、**「洋服ダンスの中に隠してある」**のか、具体的にどこにあるかがわからなければ、最悪の場合、そのお金は見つけられずムダになることも考えられます。

同様に、たとえば親が生命保険に入っていたとしても、それがどこの保険会社の保険なのかがわからなければ、みなさんは死亡保険金の請求手続きをすることができません。

ちなみに、**「保険証券」**がどこにあるかもご存じですか？

みなさんのなかには、「親が生命保険に入っているのは知っているが、証券がどこにあるかわからない」という方も少なくないようです。

**保険手続きは「証券」があればすぐにできますが、逆にいうとこれがなければ（その所在がわからなければ）、保険会社から何かの機会に通知が郵送されてくるまで、どこの保険会社と契約していたのかさえわかりませんし、当然手続きをすることもできません。**

ですから、みなさんが保険金を受け取るためには、保険証券がどこにあるかをきちんと聞いておくことも重要です。

このように、財産は**「何がいくら」「どこにあるか」**を知っておくとともに、いざ相続となったとき、すぐに相続できるよう準備しておくことも必要です。相続財産の保管場所については、親がいなくなったときに自分たちできちんとわかるようにしておくことです。

話を聞いてもかまいませんし、どうしても話ができないと言われたら、たとえばリストをつくってもらい、そのリストの保管場所を聞いておくのも一案です。

## 財産と必要書類等

| 財産の種類 | 必要書類等 |
|---|---|
| 現金、<br>貴金属など | 金庫のカギ<br>貸金庫のカギおよび暗証番号 |
| 預貯金 | 預金通帳<br>届け出ている印鑑<br>キャッシュカード（暗証番号）<br>定期預金証書<br>ネット銀行のログインIDおよびパスワード |
| 有価証券 | 取引残高報告書<br>ネット証券のログインIDおよびパスワード |
| 土地、建物 | 所在地の住所<br>登記簿謄本および公図<br>測量図<br>賃貸している場合は賃貸借契約書<br>固定資産税課税明細書<br>買ったときの売買契約書 |
| 借入金 | 借用書または契約書<br>返済予定表 |
| 生命保険 | 保険証券 |
| ゴルフ会員権<br>など | 会員証書 |

## 預金口座をもれなく聞き出す

**「休眠預金」**という言葉を聞いたことがありますか？

実はこれ、何年もまったく取引されていない（入金も出金もない）銀行預金のことをいいます。

子どものときに使っていた通帳、働きはじめたときにつくった通帳など、もしかしたら、みなさんにも心当たりがあるかもしれませんね。

2018年に**「休眠預金活用法」**というものができて、10年以上取引（入出金）がない預金については「休眠預金」として取り扱われることになり、**社会貢献に使われる**ことになりました。

休眠預金になることによって、直ちに引き出しができなくなったり、没収されたりすることはありませんが、お金を引き出す、あるいは口座を解約するのが、不便になったり手間がかかったりするようになります。いずれは没収ということにもなりかねません。

この休眠預金、なんと**1年間に1300万口座、1200億円ずつ増えている**とのこと。ほとんどが少額で、忘れられてしまっていたり、知っていてもお金を引き出すのが面倒だからそのままにされていたりというものですが、なかには多額の預金も存在しています。

もしかしたらみなさんの親御さんにも、家族に内緒で貯めている**へそくり口座**があるかもしれません。

もし、このような口座があって、それを教えてくれなかったらどうなるでしょうか。みなさんはその口座の存在を知りませんから、きっとそのまま放置され、名義変更をされることもなく、休眠預金になってしまいます。

あるいは、みなさんが知らなかった預金口座が税務調査で発見され、申告漏れを指摘されるケースもあります。

もちろん申告漏れを指摘されたら、みなさんは追加で相続税を支払わなければならなくなりますが、税務署に預金を見つけてもらえたのですから、これはむしろ喜ばしいことかもしれません。

実は、このように発見してもらって親族が喜ぶようなケースはまれで、このような**へそくり口座は、誰も見つけることができないのが大半**なのです。

もう一つ、休眠口座の発生原因で多いのが、**親が子ども名義の口座をつくっていた場合**で、子どもが口座の存在を知らないまま、そのまま眠ってしまうというケースです。

せっかくみなさんのためにお金を貯めていてくれたのに、休眠預金になってしまってはもったいないですよね。

大切な預金が休眠預金になることのないように、親にしっかり相談することで、預金口座がもれなくわかるようにしてもらってください。

## 相続税の試算をする

みなさんが相続する財産の内容とだいたいの金額がわかったら、まずは**相続税の試算**をしてみましょう。今のままだったら、どのくらいの相続税がかかるかを知っておくのです。

明らかに相続税がかからない場合は別ですが、かかるかかからないかギリギリだという場合や、相続税が確実にかかるような場合には、その準備のためにも相続税の試算は必ず行うべきです。

私のところに相談に来られた方のなかには、**相続税がかからないと思っていたのに、試算をした結果、相続税がかかることがわかったため対策をはじめることにした方も多くいます。**

これらの方はもしも試算をしていなければ、相続税の対策をしないまま相続を迎えることになり、払わなくてもすんだ相続税を支払うことになったでしょう。

**相続税の対策は、親が生きている間、それも長い年月をかけて行うものが多いですから、相続税がかかると考えられる場合には、早めに試算し、対策するのがおすすめです。**

反対に、相続税の改正により「自分にも相続税がかかるようになるかもしれない」と心配して、あわてて相談をしに来られた方のなかには、試算をした結果、相続税がかからなくてすむことがわかった方もいます。

こうした方は、もし試算をせずにあわてて準備をしていたら、本当はしなくてもいい対策をしてしまっていたかもしれません。

ただ、相続税の計算は複雑ですから、自分でするのはなかなか難しく、できれば費用をかけてでも、税理士に依頼し計算してもらってみてください。

身近に税理士がいればその方にお願いすればいいですし（料金は財産の額や手間によって、また事務所によって異なります）、会社を経営している人や個人で事業をやられている方は税理士とのつき合いがあるでしょうから、相談してみるといいかもしれません。

そのほか、銀行や保険会社などは相続に詳しい税理士を知っていることが多いので相談をしてみたり、相続のセミナーに参加して講師をしている税理士に話を聞いてみるなどしてもいいと思います。

税理士の腕により結果が異なることもありますから、もちろん相続に詳しい人がいいに決まっていますが、最終的には自分が**「この人なら納得できる」**という税理士を見つけるようにしてください。

**財産は誰が相続するかによっても、相続税の金額が大きく変わる**ことがありますので、これも知っておくようにしてください。詳細は第4章以降に譲りますが、誰が財産を相続するかを考えるときには相続税のこともあわせて考えなければなりません。

もちろん、一番大切なのはモメずに財産を分けることですが、相続税を安くしたいというのは相続する人全員が同じ気持ちでしょうから、**相続税を一番安くできる分け方から相続方法を考える**、というやり方もあるかもしれません。

## 相続できる人は誰かを知る

財産をどのように分けるかを考えるにあたっては、まず、誰が財産を相続できるかを知らなければなりません。

財産を相続する相続人は、さまざまなケースが法律で定められており、法律で定められた相続人を「**法定相続人**」といいます。

まず、配偶者（残されたほうの親）は必ず法定相続人になります。

それ以外で法定相続人になれるのは、みなさんたち子ども、みなさんの祖父母、親の兄弟姉妹です。ただし、その全員がなれるわけではありません。そこには優先順位があり、配偶者以外は次の順で優先権をもっています（順位が一番上の人しか相続人にはなれません）。

## 法定相続人のルール

配偶者以外は、一番順位が上の人だけが
法定相続人になれる

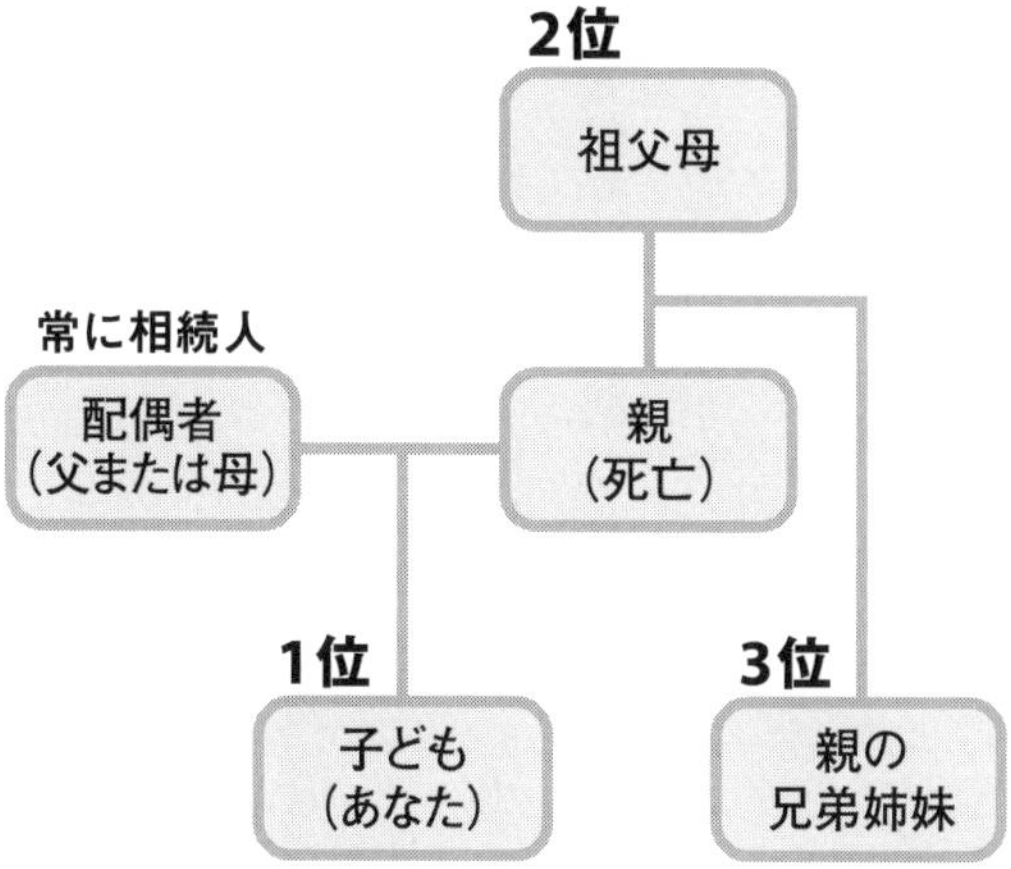


**みなさんの場合**

① 親の配偶者とみなさんのみが法定相続人となる。

② 親の配偶者がすでに亡くなっている場合は、みなさんだけが法定相続人となる。

**1位……子ども（みなさん）**
**2位……祖父母**
**3位……親の兄弟姉妹**

たとえば、みなさんのお父様が亡くなった場合、法定相続人はお母様とみなさん（いればみなさんの兄弟も。以下同じ）になります。この場合、みなさんの祖父母や親の兄弟姉妹に相続の権利はありません。

**法律では配偶者を除くと、原則として血のつながっている人しか相続できないことになっていて**、血のつながりが濃い人ほど、優先的に相続できるしくみになっています。

このケースでもし、お母様もすでに亡くなられている場合は、子どもであるみなさんだけが法定相続人になります。

ちなみにこのとき、みなさんの兄弟が亡くなっている場合で、その亡くなった兄弟に子ども（みなさんの甥や姪）がいる場合には、兄弟の相続権はそのまま甥や姪に引き継がれることになります。これを**「代襲相続」**といいます。

そのほか、**親が迎えた養子、親が認知した子**（愛人との子など）は法定相続人となれますが、**残されたほうの親の連れ子やみなさんの配偶者**は、法律上の血縁関係がありませんから法定相続人にはなれません。

また、親の愛人・内縁の妻（夫）は、法律上の夫婦になっていないため、法定相続人にはなれません。

## 財産の分け方を考える

財産を相続する方から、よく次のような質問を受けます。

**「兄が、自分は長男だから自分の好きなだけ相続できると言っているのですが、それは本当ですか？」**

**「嫁に出てしまった私は、両親の財産を相続できないのでしょうか？」**

みなさんもそうだと思いますが、やはり、いざ相続となったときの自分の取り分については、関心がありますよね。

ちなみに法律では、相続人が誰かということとともに、相続人それぞれの取

## 法定相続分とは？

| 順位 | 第１順位 | 第２順位 | 第３順位 |
|---|---|---|---|
| 法定相続人と法定相続分 | ①配偶者 1/2<br>②子ども 1/2 | ①配偶者 2/3<br>②父母 1/3 | ①配偶者 3/4<br>②兄弟姉妹 1/4 |
| 備考 | 配偶者がいなければ子どもがすべて相続する | 配偶者がいなければ父母がすべて相続する | 配偶者がいなければ兄弟姉妹がすべて相続する |

例）親と子ども２人の場合

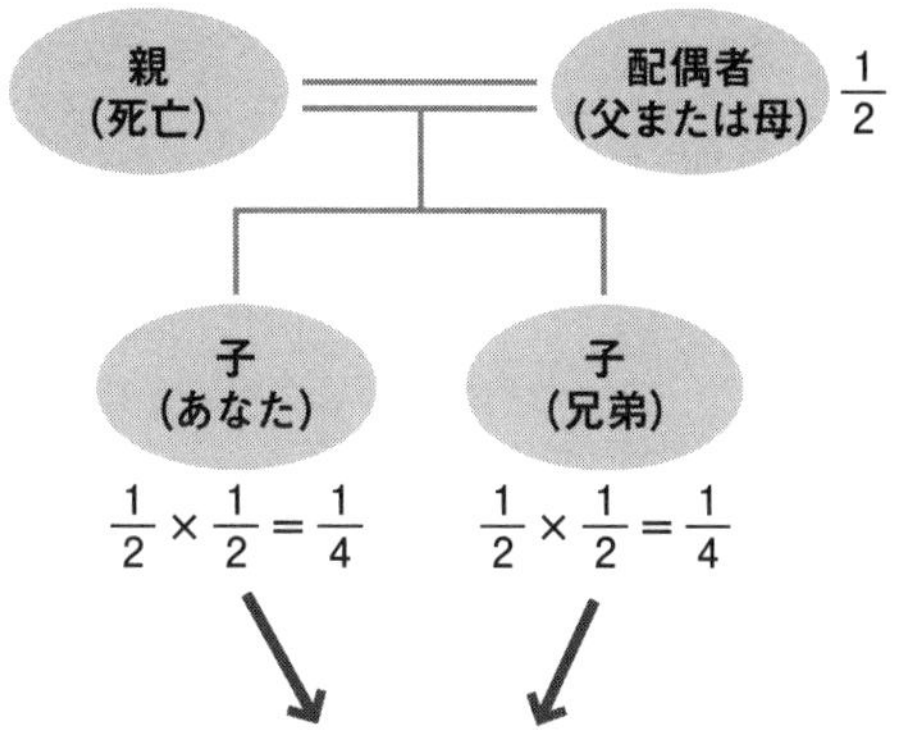


子どもは、子どもの
法定相続分を人数で分ける

り分が決められています。この取り分を「**法定相続分**」といいます。

相続人が1人であれば、その人がすべての財産を相続することになるので、何も争いは生じません。しかし、ほとんどの相続では残されたほうの親とみなさんで財産を分けることになりますので、分けるときに少しでもトラブルをなくすために、それぞれの取り分が定められているというわけです。

前ページの図にあるとおり、みなさんたち**子どもは、長男であってもお嫁に出ていても「子ども」ですから、法律上、取り分は同じ**になります。

ただし、ここまでは混乱を避けるために、明確な説明を避けてきましたが、実は「法定相続分」というのは、法律で定められているとはいっても、財産を分けるときにモメた場合の一つの基準として示されているもので、**実際にはそのとおりに財産を分けなければならないというものではありません。**

では、実際にはどのように財産の取り分を決めるか（これを「**遺産分割**」といいます）というと、それは親が残してくれた遺言書によって決まります。

**遺言書がある場合は、基本的に遺言書にしたがって財産を分ける**ことになります。

遺言書がない場合には、法定相続人が自分たちで話し合いをして、取り分を決めていきます。このときよく参考にされるのが、先の法定相続分というわけです。

ですから、親御さんが遺言書を残してくれたかどうかということは、とても大きな問題なのです。

というわけで、次はこの**遺言書**について説明していきます。

# 遺言書をつくってもらう

**遺言書**とはその名のとおり、遺言を書面にしたもので、遺言書があれば相続はそれにしたがって進められます。

**遺言書とは法律的に、誰にどの財産をどれだけ相続させるかを被相続人（親）が相続人（みなさん）に伝えるものです。**

「誰がどれだけの財産を相続するか」については、法定相続分にしたがわなければならないと勘違いしている方が多いのですが、遺言書の内容はこれに優先することになっています。

なかには、「**自分たちは法定相続分にしたがって相続をすればいいから、遺**

**言書を書いてもらう必要はない**」と考えている方もいますが、遺言書がない場合は自動的に法定相続分で財産を分けるのではなく、法定相続人全員が話し合い（これを「**遺産分割協議**」といいます）をして、それぞれの取り分を決めることになります。

親の財産が法律で自動的に分割されれば、家族がモメるようなことはありません。しかし、取り分をみんなの話し合いで決めるとなると、**相続はまずモメる**と思って間違いありません。

ですから、相続で兄弟とモメたくないなら、いずれの場合もやはり遺言書を書いてもらうよう親にお願いすることを、本書ではおすすめします。

財産をすべて洗い出し、誰に何を相続させたいかを遺言書で指定してもらえれば、みなさんもある程度は納得することができるでしょうし、親も交えれば、兄弟同士でも話がしやすいのではないでしょうか？

そうなれば、みなさんにとっても財産を、モメることなく希望どおり引き継ぐことができるはずです。

ちなみに、**遺言書を書いてもらえれば、法定相続人以外の人でも財産を引き継ぐことができます**（遺言書がなければ、法定相続人しか財産を相続することはできません）。

たとえば、基本的にはみなさんの配偶者は法定相続人にはなれませんが、「自分だけでなく親の面倒をよくみてくれた、自分の配偶者にも財産を相続させてあげたい」と思うなら、その旨を親に伝えて遺言書に書いてもらえば、法定相続人ではないみなさんの配偶者にも、財産を遺してもらうことができます。

そういえば、「**犬に財産を相続させたいのですが、遺言書を書けば可能でし**

ょうか？」という質問を親御さんから受けたこともありました。

海外ではペットに財産を相続させる方法もあるようですが、**残念ながら日本の法律上、相続ができるのは「人」だけで、ペットに財産を相続させることはできません。**

ペットに財産を相続させたいと親が真剣に考えているなら、ペットの世話をする人に財産を相続させるようお願いするのが代案でしょうか。

もしもペットの世話をする人が法定相続人でないなら、その人に財産を遺すと遺言書に記載してもらう、あるいは世話をするのが法定相続人なら、ペットの世話をした分の金額をプラスして相続することを記載してもらえば、親の希望をかなえることができるかもしれません。

## 遺言書を書いてもらう①

# 自筆証書遺言

遺言書には、

**①自筆証書遺言**
**②公正証書遺言**
**③秘密証書遺言**

の3つがあります。ここでは、まず①の「**自筆証書遺言**」をご紹介します。

**【自筆証書遺言】**

おそらく、みなさんが「遺言書」と聞いて想像するのは、テレビドラマで見るような、タンスの中にしまってあって、封筒を開けると手書きで文章が書いてあるこの遺言書でしょう。これは「自筆証書遺言」といい、文字どおり自分で書いた遺言書のことです。

このうち、**財産の内容を示す「財産目録」については、パソコンでの作成が認められるようになりました**（第1章参照）が、それ以外の部分についてはすべてを自分で書かなければなりません。

一部でも他人が代筆したり、パソコンで作成したりしてあると無効になり、遺言としての効力をもたなくなってしまいますので、注意が必要です。

この自筆証書遺言は、

### ・手軽にいつでも書ける

**・内容を秘密にすることができる**

**・お金がかからない**

**・証人がいらない**

ことから、遺言書を書いてもらおうと思ったとき、一番書いてもらいやすい遺言書といえるでしょう。

遺言書を書く紙も特に決まっていません（長い年月保存されることを考えれば、耐久性のある和紙や便せんなどがよいとされています）。

ただし、書くのは簡単ですが、欠点も多いといえます。

そもそも遺言書は、決められた形式が整っていないと法律的に無効になってしまいます。たとえば、これはどの遺言書でも共通ですが、

**・日付がない**

**・不動産の所在地の記載方法が違う**

などがあっただけでも、効力がなくなってしまいます。ですから、すべて形式が整っているかどうかは、みなさんが遺言の内容を見てみないとわかりません。

そこでできることなら、弁護士や司法書士などの専門家に一度見てもらい、**法的に有効であるという確認を親に取っておいてもらえると安心**です。

弁護士や司法書士は、身近な人に紹介してもらうのが一番いいでしょうが、あてがない場合は、地域の弁護士会や司法書士会に電話をして紹介してもらうこともできますし、日本司法支援センター（法テラス）で紹介してもらうこともできます。

みなさんが親の死後、この遺言書を見つけたら、遺言書が偽造・変造されないよう、家庭裁判所で記載内容をそのまま保存する手続き（「**検認**」といいます）を受けなければなりません。これは、家庭裁判所の係官が立ち会って、みなさんと一緒に遺言書の中身を確認するものです。

遺言書が封印されている場合（封をして印が押してあったり、「〆」「緘」「封」などと書かれている場合）には、**検認の前に封を開けてはいけない**ことになっています。

仮に誤って開封してしまったとしても、遺言が無効になることはありませんが、あとで変造や偽造などをめぐって兄弟姉妹間で争いが起きる可能性は否定できません。

封印がされていてもいなくても、検認の手続きは必要となりますので、**自筆証書遺言を見つけたら、必ず裁判所の検認を受ける**ようにしてください。

また、遺言に沿ってみなさんが名義書き換えの手続きをするときも、裁判所が発行する**検認済みの証明書**が必要になりますので、覚えておくようにしてください。

検認の申請をしてから証明書が発行されるまでの手続きは、おおむね2か月ほどの時間を要するため、みなさんは、財産を相続してもすぐに財産を分けることができません。

したがって、財産を相続したあと、すぐに手続きを進めたいなら、第1章で紹介したとおり、法務局に遺言書を預けてもらい、検認の手続きが必要のないようにしておくことをおすすめします。

## 遺言書を書いてもらう②

# 公正証書遺言

自筆証書遺言にはいくつかの欠点がありました。

これを解消してくれるのが、「**公正証書遺言**」です。

### 【公正証書遺言】

公正証書遺言は、自筆証書遺言の欠点をほとんどすべて解決してくれるもので、3つの遺言書のなかで無効になる可能性が最も少ない確実な遺言書といえるものです。

これには、たとえば次のようなメリットがあります。

- **専門家が作成するため、遺言が無効になることがない**
- **原本が公証役場で保管されるため、紛失のおそれがない**
- **どこの公証役場でも検索をかけることができるため、遺言書があるかないかわからないときに探すことが簡単**
- **裁判所の検認手続きが不要**

公正証書遺言は、「**公証役場**」というところで、「**公証人**」という専門家に遺言書を書いてもらうものです。これは全国各地にありますので、インターネットなどで調べれば、近くの公証役場が見つかります。

公正証書遺言をつくってもらおうと思ったら、まず親にこの公証役場へ行ってもらい、公証人と面談してもらいます。予約はしなくてもかまいませんが受付順となるため、公証人の手が空いていない場合は待たなければなりません（したがって、あらかじめ予約をとってあげたほうが無難です）。

以下も親にお願いすることになりますが、公証役場では公正証書遺言を作成したい旨を伝えてもらい、公証人に相続人（配偶者やみなさん）の情報や財産の情報、どの財産を誰に相続させたいかを伝えてもらいます。

すると、公証人は、みなさんの親御さんが話した内容を書き起こして遺言書として書面にしてくれます。

書面にした遺言の内容は、公証人が読み聞かせて内容を確認するのですが、このとき、**証人が２人以上必要**になります（もし親が病気などで公証役場に行けない場合は、公証人を自宅や病院に呼ぶこともできます）。

一方、公正証書遺言を作成するには、**相続財産の額に応じて費用がかかる**こと、そして証人が２人必要なため、**証人に遺言の内容を知られてしまう**というデメリットもあります。

公正証書遺言の作成費用は、相続財産の額により、財産が1000万円だと1万7000円、5000万円だと2万9000円、1億円だと4万3000円となり、さらに財産が増えれば手数料も増えていくことになります。

ですがみなさんにとっては、いざ相続というときに検認の手続きがいらないため、すぐに財産を分けることができますし、遺言書の原本は公証役場で保管されるため、遺言書がなくなる心配もありません。

自分たちが苦労しないためにも、親御さんにはできることならこの公正証書遺言をつくってもらうようお願いできると、後々のトラブルを防げることになります。

## 遺言書を書いてもらう③

# 秘密証書遺言

自筆証書遺言と公正証書遺言のちょうど中間くらいの遺言に、「**秘密証書遺言**」があります。その名のとおり、遺言の内容を他人には見せず、書いた人だけの秘密にしておく遺言です。

遺言を書いて封印するという点では、形式は自筆証書遺言と変わりませんが、違うのは**署名以外は自筆でなくてかまわない**という点です。

**［ 秘密証書遺言 ］**

手続きとしては、封印をした遺言書を親に公証役場に持っていってもらい、2人以上の証人のもと、提出してもらいます。封印された遺言書を提出するので、公証人も証人も遺言書の内容を見ることはありませんが、遺言書が「確かに存在する」ことを、彼らが証明してくれます。ですから、親が亡くなったあと、親が本当に遺言を書いたのかどうかについて争うことがなくなります。

一方、誰も中身を見ないので、秘密が守られるというメリットもあります。

しかし、次のようなデメリットもあります。

- **誰も中を確認しないため、開封された遺言が無効になる可能性がある**
- **裁判所の検認手続きが必要**
- **公証役場に行く手間や費用（一律1万1000円）がかかる**

したがって、かかる労力やコストの割に、この遺言書は効果が少ないといえます。そのためあまり利用する人はいませんが、自筆証書遺言と比べれば、遺言書の存在については公証人によって保証されるので、少し安心でしょう。

# 何度も遺言書を書き変えるのは◯？ ×？

遺言書をつくってもらったあとに状況が変わったら困るから、つくってもらわないという方がいらっしゃいます。たとえば、

「親より先に自分の兄弟が亡くなってしまった」

「遺言書に書いてあった不動産を親が売ってしまった」

など。でも、そんなときでも大丈夫。

**遺言書は、何度でも書き直せることになっています。**

遺言書には必ず作成した日付を書かなければならないことになっており、遺

言書の形式を問わず、一番新しい遺言書が効力をもつことになっています。

ですから、将来状況が変わってしまうと困るから遺言書はつくってもらわない、というのは正しい理解ではありません。

「親の財産が増えたり減ったりした」「兄弟が離婚して実家に戻った」などの場合にも、そのたびに遺言書をつくり直してもらっている方をたくさん知っています。

ただ、公正証書遺言の場合、公証役場に行って書き直すと、毎回費用がかかってしまうというのが難点ではあります。

ですが、これは大事なことですから、相続で苦労することを思えば、親に再度作成をお願いするのが一番いいのではないでしょうか。

第3章

# 兄弟姉妹と話し合っておくこと

# 相続対策は兄弟姉妹そろって

相続対策には、もちろん親子間の協力が必要です。

でも、親だけが頑張っても実際に相続するのは子どもであるみなさんですから、**みなさんが自分でやらなければならないことはたくさんあります。**

反対に、みなさんだけが頑張ろうとしても、親の協力がなければ相続対策はできません。ですから、相続対策に親子間の協力は不可欠です。

加えてここで大事になるのは、**兄弟姉妹**（以下、「兄弟」といいます）**間の協力**です。

特に、モメずに相続を進めようと思うなら、親が元気なうちに兄弟と一緒に、あるいは兄弟とだけでも先に話し合いを進めておくのがおすすめです。

**相続で一番モメるのは、兄弟間といって間違いありません。**

仲がよかった兄弟でも、いざ財産を分けようとすると、残念ながらモメることは少なくありません。

相続問題には大きな財産がからみますから、仲のいい兄弟間でも非常にデリケートな問題だと考えてください。ですから、些細なことで兄弟の関係がぎくしゃくしたり、モメごとに発展してしまわないよう、お互いの配慮が必要になります。

最近は、兄弟が会うのは盆暮れだけなど、**関係が希薄**になっていることも多いですから、なおさら兄弟間で相続の話をしておくのがベターです。

たとえば、兄弟の誰か1人が親に「遺言書をつくってほしい」と頼むよりも、兄弟全員でお願いしたほうが、親は動いてくれやすいはずです。

また、遺言書の内容もできるだけ事前に明かしてもらい、兄弟がお互いに納得のできる遺言書をつくってもらうよう相談もしたいものです（あまりにも不平等な遺言書では、お互い納得できないですよね）。

それ以外にも、家族の状況や兄弟の関係によって、モメる可能性はたくさんあると思います。親が元気なうちにできるだけ、その可能性を兄弟間で解消するようにしてください。

兄弟がモメる可能性が高いのは、いわゆる**「二次相続」**のときです。

みなさんが経験する相続は2回（父親と母親が亡くなる2回のタイミング）ありますが、1回目のときはまだどちらかの親がいるため、親が重しとなって兄弟間でモメることはあまりありません。

しかし、**2回目の相続**（これを「二次相続」といいます）**ではよくモメます。**

つまり、親がおらず、兄弟だけで相続をするときです。

仲のいい兄弟が、相続をきっかけに口もきかなくなるようなことは避けたいですよね。

そのためにも、日頃から兄弟で相続について話をするのは重要だと考えてください。

## 遺言書について相談する

**「遺言書を書いてもらうなんて、一部の大金持ちの話。自分たちとは関係ない」**

こんなふうに思っている方も多いのではないでしょうか。

確かに、「預金」に「株式」に「不動産」……と、相続する財産がたくさんある場合には、誰がどの財産を相続するか遺言書に書いておいてほしいと考える人は多いでしょう。

その一方で、「親の財産は預金が1000万円だけ。今、親は年金で細々と生活している」という方は、相続についてそれほど深く考えていないかもしれません。

しかしながら、**相続で兄弟がモメるかどうかは、親の財産の大小とはまったく関係ありません。**

相続する財産が多くても少なくても、相続争い、いわゆる「**争族**」は発生するのです。

「平等に分けよう」という意思がお互いにあっても、「何が平等なのか？」はお互いの感覚によって違います。ですから、相続人同士における遺産分割協議では、どうしてもまとまらないケースが多いのです。

ちなみに、**家庭裁判所で行われた遺産分割調停のうち、相続財産が5000万円以下の案件が全体の約75％**というデータもあるくらい、調停は金額の多さとは無関係なのです。

人というのは、たとえ財産が1000万円しかなくても、やっぱりもらえるものは欲しいというのが本音です。

相続する財産が1000万円でも10億円でも、相続するみなさんにとっては変わらない、むしろ金額が小さいからこそ、**取り分の差にリアル感**があって、モメるケースが多いのでしょう。

兄と弟の相続額が、それぞれ6億円と4億円であるならば、少ないほうでも「4億円もらえればいいか」という気持ちになるかもしれませんが、これが600万円と400万円というリアルな差になると、どうしてもその**200万円の差が許せなかったりする**ものです。

また、預金のように簡単に分けられる財産だけならいいですが、不動産のように分けにくい財産もあります。

不動産が複数あれば、兄弟がそれぞれ相続することもできるでしょうが、**不**

**動産が1つしかないような場合には、誰がどのようにその不動産を相続するかというのは、なかなか難しい問題**です。そんなとき遺言書があれば、「遺言どおりに分ける」ことで、モメる可能性がかなり減ります。

また、遺言書があれば、誰が相続するか明示されていますから、遺言書を使って、預金や不動産などの名義書き換え手続きができますが、遺言書がない場合には、どのように遺産分割したかを記載した書面（「遺産分割協議書」といいます）を作成し、法定相続人全員が実印で押印をしなければなりません。

遺産分割協議書は、ひな型を見ながら自分で作成することもできますが、難しい書類なので弁護士や司法書士などに依頼するケースもあります。

このような手間を省くためにも、**財産の大小にかかわらず、遺言書をつくるよう、兄弟そろって親にお願いする**ことをおすすめしています。

# 自分がたくさん相続したいときは？

**「兄弟なのだから、みんなで均等に相続したい」**

誰もがこんな気持ちで相続することができたら最高だと思います。

というのも実は、遺産相続や親に遺言書を書いてもらうことについて私が受ける相談で特に多いのが、**兄弟よりも自分が多く相続したい**というものだからです。

たとえば、いざ遺言書を開けてみたら、「全財産を長男に相続する」と書いてあり、あなたが二男で1円も財産を相続できないことがわかったら、どのように感じるでしょうか？

きっと不満をもちますよね。もちろん、財産は親のものですから、遺言書の内容は親の気持ち次第です。

**「兄弟で平等になるよう、財産を分けなければいけない」かというと、決してそんなことはありません。**

親がどちらかにすべての財産を残したいという気持ちがあるのであれば、その気持ちは否定できませんし、みなさんがそのように交渉することも否定はしません。ですが、それではきっと兄弟間でモメることになるでしょう。

ちなみに**相続では、子どもは親の遺産について、最低限の取り分**（これを**「遺留分」**といいます）**をもらえることが決まっています。**

本来であれば誰に相続させるかは、遺言書を書く人（親）が自由に決められるはずなのですが、相続では、残された人が生活を維持できるよう配慮してあり、一定の割合で相続人それぞれに取り分が認められています。

最低限の取り分がある相続人として認められているはずの兄弟が、「あなたには1円も渡さない」という遺言を見たら、いくら仲のいい兄弟でもケンカになってしまいますし、遺留分を主張されたら（これを**「遺留分減殺請求」**といいます）、法律上、必ずその人の手に一定の財産が渡ることになります。

ですから、もしも親御さんがそのような遺言を書こうとしていたら、あるいはあなたがそのような遺言を親に書いてもらおうと考えているなら、**兄弟間でモメないように、はじめから遺留分を考慮して、兄弟全員が最低限の取り分を確保できるよう配慮してほしいと、親にお願いをしてください。**

特に、遺言書をつくってもらうにあたって、兄弟の1人だけがかかわるケース（たとえば、長男と親だけで遺言書をつくるようなケース）では、二男は本当にそれが親の意思なのか疑うことも少なくありませんから、あまりにも偏った遺言書はつくらないよう気を配ることが大切です。

たとえば、「老後の面倒をみてくれた長男に多少多めに財産を配分しよう」という程度の差であれば、兄弟も納得するかもしれませんが、**1人だけが取り分ゼロ**など、モメるのが目に見えるような遺言書をつくってもらうことだけは、避けるようにしたいものです。

また、遺言書に親の気持ちを添えて書いてもらうというのも一つの手です。

遺言書は、財産を誰に遺すかを伝えるためにつくるものですから、法律で定められた事項以外の記述については法的な効力はありません。

しかし、親がなぜこのような分け方で相続をさせようと思ったのか、一筆添えられていると、遺言書を読んだみなさんの気持ちは大きく変わるように思います。

特に、兄弟間で取り分に差のある遺言書を親につくってもらう場合には、こうした気持ちを遺言書の最後に書く（これを**「付言事項」**といいます）よう、お願いするといいでしょう。

次のページにあるような簡単な言葉でも、あるのとないのとでは大違いです。仲のいい兄弟であればあるほど、親の気持ちがわかれば、多少不平等な遺言書でもトラブルは少なくなるものです。

# 遺言書の例

遺　言　書

遺言者である私□□□□は、次の通り遺言する

1. 長男の○○に次の不動産を相続させる。
　土地　所在　××県××市×丁目
　　　　地番　××番××
　　　　地目　宅地
　　　　地積　××㎡
　建物　所在　××県××市×丁目××番地××
　　　　家屋番号　××番××
　　　　居宅
　　　　構造　木造
　　　　床面積　××㎡
2. 二男の△△に次の財産を相続させる。
　□□銀行○○支店の遺言者名義の普通預金すべて
3. 上記以外の財産は、すべて二男の△△に相続させる。

この部分が付言事項

4. **付言事項**
**私は、できるかぎり2人に平等に相続をさせてあげたいという気持ちから、遺言書を書こうと決意した。まずはそのことを理解してほしい。自分なりには頑張ってきたつもりだが、十分なものを遺すことはできなかったかもしれない。それでも、できるだけ2人に平等に財産を遺せるよう、これからも贅沢はせずに暮らしていくつもりなので、いくばくかの財産を遺すことができると思う。せっかく私が遺した財産を巡って相続の時に兄弟2人でケンカをすることだけはやめてほしい。特に、不動産は2つあれば良かったのだが、残念ながら自宅しかない。将来、この自宅はずっと子孫に継いでいってほしいから、自宅は長男の○○に相続させる。二男の△△には預貯金と生命保険が入るようにしておいたので、それで勘弁してほしい。自分の亡くなった後も兄弟仲良く力を合わせて暮らしていってほしい。**

令和××年××月×日
××県××市×丁目××番地××
遺言者 □□□□　(印)

## 自分だけが贈与をしてもらっているときは？

親が生きている間に、マンションを買うための資金や独立開業資金などを出してもらったとき、そのことを兄弟が知っていればいいのですが、**兄弟が知らなかったときにはモメることがあります。**

たとえば、２人兄弟の場合。親に遺言書を書いてもらうとき、あるいは親が亡くなって２人で話し合って遺産を分けようとするときに、「２人だけの兄弟だから、財産は半分ずつにしよう」と話し合っていたとします。

ところが、たまたま親の通帳を見ていた二男が、過去に多額の預金が長男に振り込まれていたことを知った場合はどうでしょう。

これまでは仲良く話し合いをしていた兄弟だったにもかかわらず、二男からしてみれば、**「長男は親が生きている間に多額の贈与を受けていたにもかかわらず、それを自分に隠して財産をたくさんもらおうとしていた」**という理解になり、兄弟の仲は一瞬にして険悪なものになってしまいます。

相続の話し合いをするときは、過去に親からなんらかの援助を受けた場合は、**素直に兄弟に話をしておくべき**でしょう。

バレないと思うかもしれませんが、我々税理士が相続税の申告の仕事をするときも、過去にさかのぼって通帳の動きを確認し、大きな金額が動いている場合には、その内容を確認しますし、税務調査が入ったときも税務署は預金の大きな入出金を確認するので、わかってしまうと思ったほうがいいでしょう。

法律でも、生前に特定の相続人だけが贈与を受けていた場合には、法定相続分どおりに財産を相続すると不公平が生じるということで、その贈与は相続る財産を前もってもらっていたと考えて、遺産分割の際にこれを考慮に入れた計算をすることになっています（これを「**特別受益**」といいます）。

たとえば、相続財産が5000万円、相続人は兄弟2人で、兄が親の生前に1000万円の贈与を受けていた場合。

単純に法定相続分で考えると、**5000万円×1／2＝2500万円ずつ**を相続することになりますが、これでは不公平ですよね。

そこで、兄が贈与を受けていた金額を相続財産に加算、つまり**5000万円＋1000万円＝6000万円**を相続財産とみなし、それぞれの相続分は**6000万円×1／2＝3000万円**としたうえで、兄の相続分は、**3000万円－1000万円（すでに贈与を受けた分）＝2000万円**となり、弟の相続分は3000万円となります。

これを、「**特別受益の持ち戻し計算**」といいます。

このような計算をすることで、兄と弟はそれぞれ3000万円ずつ引き継ぐことになり、平等な相続がなされるというわけです。

みなさんも、過去にマイホーム資金や独立開業資金などの贈与を受けた場合は、ぜひ素直に兄弟間でそれを伝え、お互い納得できる相続の話し合いをするようにしてください。

# 兄（弟）に親の介護をしてもらっているときは？

兄弟のどちらかが親の介護をしているケースは多いと思います。

たとえば、兄と妹の２人兄弟で、父親の晩年に妹が**仕事を辞めて長期間にわたって介護をしていたような場合**。あるいは似たようなケースでは、親が商売をやっていて、兄弟のうちの１人が**親の商売を無報酬やそれに近い報酬で長年手伝っていたような場合**も多いのではないでしょうか。

このような場合には、相続で財産を分けるにあたって、親の介護をしたり親の手伝いをしたほうが、ほかの相続人よりも多く財産をもらってはじめて平等といえます。

このように、兄弟のどちらかが親のために特別に何かをした場合は、お互いにそれを尊重し、遺産を分ける話し合いのなかで、**一定の配慮をし合う**ことが必要です。

このような配慮がなく、あくまでも法定相続分どおりの相続をしようとすると、確実にモメることになります。

法律上も、このように親の介護などをして、親の財産の維持または増加に特別に貢献した場合には、その人の相続分を増やす制度（これを「**寄与分**」といいます）があります。

この寄与分が認められるのは、

・**親が事業をやっている場合において、一緒に働いて親の財産を維持または増加させたと認められる場合**

**・親の療養看護などにより、親の財産を維持または増加させたと認められる場合**

つまり、単に何かを手伝っただけではなく、それによって親の相続財産を増やしたり減らさなかったりしたことが認められる場合です。

寄与分は原則として、相続人全員の話し合いで決めることになりますが、**話し合いがまとまらないときは、家庭裁判所に調停や審判を申し立ててその額を決めてもらう**ことになります。

また、第1章で述べたように、これまでは寄与分が認められるのは相続人に限られていましたが、このほどの法律改正により、兄弟の配偶者が親の介護をした場合などにも「特別の寄与」が認められるようになりました。

ですので、配偶者の貢献についても考慮する必要があります。

確かにそれぞれ言い分はあるでしょうが、よく考えれば仲のいい兄弟が親を助けてきたわけですから、できることなら素直に感謝の気持ちを表現し、気持ちよく相続の手続きが進むようにしたいものです。

## 親の預金を自分が管理しているときは？

みなさんが親と一緒に住んでいる場合、親のお金の管理を任されていることも多いと思います。

また、親の介護をみなさんがしている場合は、親の生活費の支払いや介護にかかるお金などをみなさんが引き出すこともあるでしょう。

長期間入院したり介護期間が長くなると、入院費の支払いや生活費の支払いなどで引き出す回数が増えたり、引き出す金額も大きくなるかと思います。

これ自体はもちろん、何も悪いことではありません。

しかし、**親のお金をみなさんが管理していることで、兄弟とモメることにな**

**る可能性がある**ということは知っておいてください。

みなさんが親のお金を管理するとき、当然ですが、引き出したお金が何に使われたかを説明できないと、引き出したお金がみなさんのポケットに入ったのではないかと、兄弟が疑いの目を向けることになりかねません。

せっかく、みなさんが頑張って親の介護をしていたのに、兄弟から疑われては残念ですよね。

ちなみに、みなさんを疑うのは兄弟だけではありません。

**親の預金の引き出しについては、税務調査で問題となることもあります。**

相続発生の直前に引き出されたお金がそのまま現金として残っていれば、それは相続財産として申告しなければなりません。

ですから税務調査では、親の預金口座から引き出されたお金について、そのお金がどのように使われたかを必ず聞かれます。親のお金を管理していたのであれば、みなさんがこれに回答しなければなりません。

たとえば、親が亡くなる1週間前に百万円単位の出金があり、その使いみちを税務調査で説明できなければ、それは相続財産とみなされる可能性があります。

このようなことが起こらないように、**親のお金を引き出したらその使途を説明できるよう、自分で記録しておくことが必要です。**

家計簿のようなものをつくって、預金から引き出した金額と、それが何に使われたのかをしっかり記録しておきましょう。

また、記録するだけではなく、特に大きな支払いについては、領収証などを残しておくことも大事です。

手間がかかって面倒なことのように思いますが、自分の身を守るために必ず記録などを残すことをおすすめします。

# 親に隠し子がいる可能性があるときは？

**自分の親に限って……。**

そう思っていても、いざ相続の手続きを進めていったら、自分たちが知らないところで父親にもう1人子どもが……、という可能性は100％否定できません。

婚姻関係にない男女の間に生まれた子どものことを、法律上は**「非嫡出子」**（いわゆる婚外子）といいますが、**婚外子であっても親が認知をしていた場合は、認知者である父親の戸籍に記載されることになり、その子どもは法定相続人になります。**

みなさんが相続の手続きをしているときにそんなことがわかったら、パニックになってしまうかもしれません。

そしてなにより、自分が知らない人と一から遺産の分割について話をしなければならないのは、心情的に許せない部分もあるかもしれませんね。

ちなみに、これまでの法律では、婚外子の相続分を法律婚の子（法律上は嫡出子、いわゆる婚内子）の半分としていましたが、２０１３年9月に最高裁はこの規定を憲法第14条の法の下の平等に反するとして、違憲とする判断を下しました。

これを受けて、同年12月には民法が改正され、**婚外子の相続分と婚内子の相続分は同等のものとして取り扱われることになりました。**

ですから、もし婚外子がいた場合には、みなさんと同じだけの法定相続分をもつということになります。

これまでも婚外子がいる場合には、遺産分割協議がうまくいかないといわれていましたが、婚外子の法定相続分が増えたことで、さらに争いが激しくなることが予想されます。

ですから、そのような事実があるのであれば、あらかじめ、親が元気なうちに遺言書などで対策を講じてもらう必要があるかもしれません。

では、みなさんが婚外子の調査をするにはどうしたらいいでしょうか？

親が認知をしていれば、婚外子であっても、認知者である親の戸籍謄本に子どもを認知したということが記載されています。

ですから、**婚外子がいないかどうかを調査しようと思うなら、親が生まれてから現在までのすべての戸籍謄本を確認**すれば、認知されている婚外子の有無が明らかになるのです。

私は「親を疑ってください」などと言うつもりはありませんし、可能性としてはとても低いと思います。しかし、円満な相続を進めるためには、「ない」という事実を確認しておくことも必要かもしれません。

兄弟そろって勇気を出して、一度親の戸籍を確認するといいでしょう。

第4章

# 節税対策でできること

# 毎年111万円の贈与を受ける

**実は、相続税を減らすための王道は、親が生きているうちに財産をもらうこと**です。遺産として財産を引き継ぐと**相続税**がかかりますが、生きている間にもらってしまえば、相続税はかかりません。

しかし、その代わりといってはなんですが、相続税逃れができないように、生きている間に財産をもらうと、「**贈与税**」という税金を支払わなければならないことになっています。しかも、贈与税の税率は相続税よりも高く、相続税よりも税金の額が多くなるよう設定されています。

相続税は6億円を超えると税率が55%となります（158ページ参照）が、

贈与税は4500万円を超えると税率が55%になっています。これは、相続税と比べてかなり厳しいものだといえるでしょう。

贈与税がかかってしまうのでは、財産をもらって税金を減らすことなんてできないのでは……と考えてしまいそうですが、実は**贈与税のしくみを上手に使って財産を親から引き継ぎ、税金のムダを省く方法があります。**

実は、贈与は生きている間であれば、いつでも何度でもしてもらうことができます。加えて、相続税は計算が1回限り（相続のタイミングのみ）であるのに対し、贈与税の計算は1月〜12月までという期間を区切って毎年行われます。

このとき、贈与税には年間110万円まで基礎控除が認められています。

つまり、**年間、1人につき110万円までは、財産をもらっても税金がかからない**というわけなのです。

贈与については親の意思で、自由に誰にでも行えますので、自分のみならず、自分の配偶者、子どもなどにも贈与してもらうことで、その合計額となるまとまった金額の財産を、無税で引き継ぐことができることになります。

たとえば、みなさんに子どもが2人いれば、みなさん＋配偶者＋子ども2人＝4人いますから、1年間に4人×110万円＝440万円を無税で贈与してもらうことができます。

**これを10年、20年と続けていけば、税金を支払うことなく、大きな財産を親が生きている間に自分に移すことができ、その分の税金を節約できる**というわけです（「相続対策は早くはじめた人ほどトクをする」というのはこういうことです）。

ただし、贈与をしてもらうには注意点があります。

贈与というのは、**あげる人ともらう人、お互いの合意があって初めて成立す**

**る**ということです。つまり、あげるほうだけでなく、もらったほうにも「もらった」という意識がなければ贈与したことにはならず、税金がかかってしまいます。

よく、110万円の贈与の話をすると、「それは親がやってくれているみたいだから大丈夫」と言う人がいますが、親が子ども名義の通帳をつくり、毎月あるいは毎年一定金額ずつ、その口座にお金を移しているような場合、みなさんがその事実を知らなければ、贈与をしてもらったことにはなりません。

贈与してもらったことにならなければ、その預金は、名義はみなさんでも親の財産とみなされ、相続税の対象になってしまうのです。

**これは「名義預金」といわれ、相続税の税務調査でよく問題となります。**

ですから、預貯金を贈与してもらうときには、名義預金といわれないよう対策することが必要です。

そのためにはまず、**親子間であっても贈与の契約書をつくり、署名押印しておく**のがおすすめです。

契約書の書式は簡単なので、ひな型（ネットで検索してみてください）を参考に自分でつくることができます。これで、少なくともお互いに贈与について合意があり、贈与が成立していることを証明できます（ただし、契約書は毎年作成する必要があります）。

あるいは、**預金通帳やキャッシュカードを、贈与を受けたみなさんが管理すること**です。

たとえば、みなさんがその預金からお金を引き出して使っているなど預金の管理をしている実態があると、より贈与として成立しやすくなります。

さらに贈与されたことを明確にするには、**あえて111万円もらって贈与税の申告をしておく**という方法もあります。

111万円の贈与をされると、111万円－110万円＝1万円が贈与税の対象となり、1万円×10％（贈与税率）＝1000円の納税が必要となります。

このように、1000円の税金はかかってしまいますが、この1000円の納税をすることで、「贈与を受けた」という証拠を残せば、**税務署に贈与を証明する強力な証拠**になり、名義預金といわれるリスクを避けられます。

1人につき年間1000円の経費がかかってしまうとはいえ、相続税を減らすには、これはとても有効です。

## 税金を払って節税する

会社を経営されている方や、個人で事業をされている方は、税金の支払いが身近なので、相続税や贈与税を支払うことに抵抗が少ない方が多いです。

一方、確定申告をされていないサラリーマンの方や、特に主婦の方は、**「税金なんて1円も払いたくない」**とおっしゃるケースが多いような気がします。

これはすごく自然なご意見ですし、もちろん可能な限り税金がゼロになるように節税対策をされたいというお気持ちはわかります。ただし、**税金はトータルでいくらかかるかを考えなければ、結局は損**をしてしまいます。

「相続財産がたくさんある」「贈与をしてもらおうと思っても、自分1人しか贈与してもらえない」という人の場合は、110万円の基礎控除を使っただけでは、相続財産を減らしきれず、多額の相続税がかかってしまいます。

このような場合には、**贈与税を支払ってでも贈与をしてもらったほうがトクということがあります。**

相続税は財産が3億円を超えると税率は50%、6億円を超えると55%となって半分以上も税金で取られてしまいます。

一般的には、相続税よりも贈与税のほうが税率が高いので、贈与を受けるよりも相続したほうが税金は安くすむことになります。

たとえば、年間400万円の贈与を受ける場合（110万円の基礎控除と合わせ、合計510万円の贈与を受ける場合）、税率は15%となっていますので、財産が3億円を超えるようなケースでは、贈与を受けずに相続を迎えて50%の相続税を支払うよりも、15%の贈与税を払って10年間、贈与を受け続けたほうが税のムダを省くことができます（次図参照）。

贈与を受ける場合の基本は、年間１１０万円の基礎控除内で毎年続けてもらうことになります。ですが、相続財産が多いときにはむしろこのように、**基礎控除を超える贈与をしてもらったほうが相続税を安くでき、トータルの税金を少なくすることができます。**

そのため、いくら贈与してもらうのがトクかについてはシミュレーションが必要です。

## 相続税と贈与税のシミュレーション（相続財産５億円）の場合

### Ⓐ 贈与を受けなかった場合

（支払う相続税の金額）　※計算方法は158ページ参照

5億円×50%－4,200万円 ＝ **2億800万円**

### Ⓑ 毎年510万円の贈与を10年間受けた場合

（支払う贈与税の金額）

（510万円－110万円）×15%－10万円（控除額）＝50万円

50万円×10年＝500万円

（支払う相続税の金額）　※計算方法は158ページ参照

5億円－（510万円×10年）＝4億4,900万円

4億4,900万円×50%－4,200万円

＝1億8,250万円

（税金トータル）

500万円＋1億8,250万円 ＝ **1億8,750万円**

**結論** Ⓐ 2億800万円 ＞ Ⓑ 1億8,750万円

↓

**毎年贈与を受けたほうがトク！**

**贈与税の税率と相続税の税率によって、贈与税を支払ってでも贈与を受けたほうがトクなことがあるので、いくら贈与を受けるかをシミュレーションすること**

## 孫に贈与してもらう

相続については、「親は80歳。自分ももう50歳で収入も財産もあり、親の財産をあてにする必要がない。だから自分の子どもに財産をあげてほしい」――こんなふうに考えている方もおられます。

**実はこれ、相続税の節税という観点からいえば、非常に大きなメリットがあります。**

親からみなさんに財産が贈与されると、いつかはみなさんから子どもに相続させるときの相続財産になることから、結局、そのときに相続税がかかるので、贈与のメリットは薄れます。

## 財産の引き継ぎ方

◉親 ➡ 子 ➡ 孫の場合

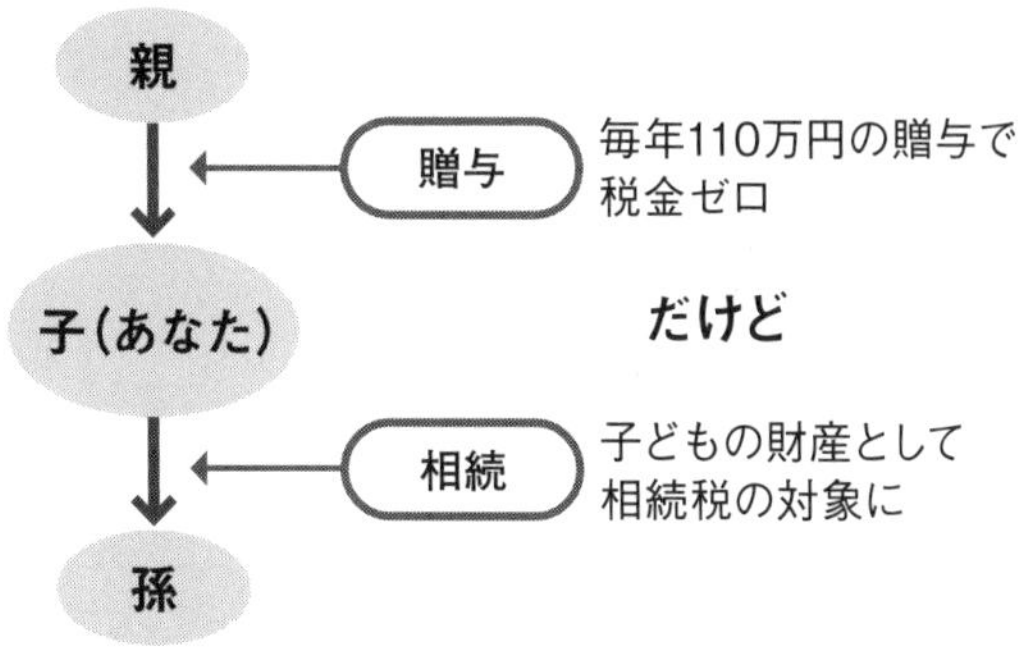


◉親 ➡ 孫の場合

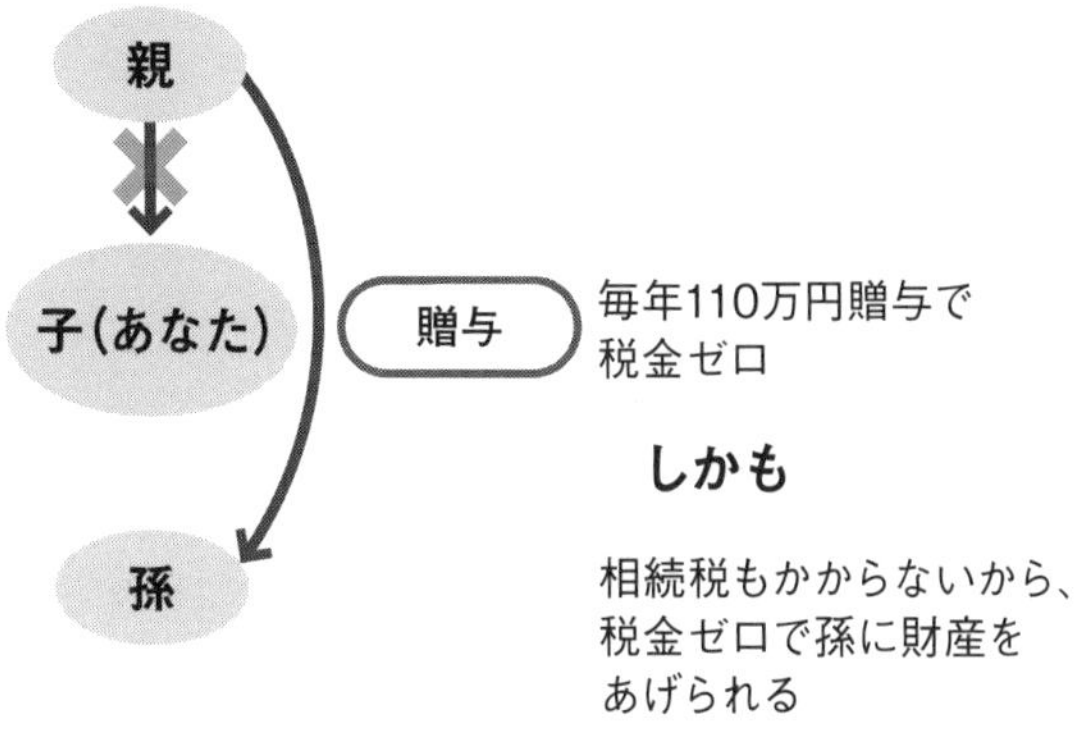

そこで親の財産を、みなさんではなくお子さんに贈与してもらうと、みなさんにもお子さんにも相続税がかからず、お子さんに財産を引き継がせることができます。

親御さんからみなさんのお子さんへ贈与をしてもらうことには、もう一つメリットがあります。

実は、みなさんを含めた相続人への贈与は、贈与があったときから3年以内に相続が発生した場合、**贈与はなかったものとして（相続財産とみなされ）課税対象となってしまいます**。つまり、基礎控除の110万円以内の贈与であっても、3年前に戻って相続税の課税対象となってしまうのです。

これは、被相続人が亡くなる直前に贈与をして、相続税を逃れることを防ぐための方策なのですが、対象となるのは相続人だけで、孫はその対象外になっています。

したがって、**相続税のことを考えたら、贈与はみなさんよりもお子さんにしてもらったほうが、より効果的**というわけです。

さらには、お子さんの学費や生活費を親に払ってもらうというのも、相続対策としては有効です。

贈与に税金がかからないのは年間110万円までですが、**お子さんの生活費や教育費、医療費などをその都度支払ってもらっても、これは贈与になりません。**

かわいい孫のために親にお金を使ってもらい、しかも相続税の節税ができるとなれば、これは一石二鳥というわけなのです。

# 孫の教育資金を出してもらう

前項では、その都度、教育資金を親に出してもらった場合、贈与にならないということをお伝えしましたが、これが「一括での贈与」になると、贈与税がかかります。

しかし、**親から孫への教育資金のための贈与は１５００万円まで非課税**という特例があります。金融機関などに孫の教育資金を預けた場合、１５００万円までであれば贈与税はかからないというものです。

たとえばみなさんが、親御さんに子どもの教育費を負担してもらっている場合、この制度を使って、**お子さんに贈与してもらっておけば、みなさんの教育**

**費の負担が減るとともに、相続税も安くできる**というわけです。

**孫の数に制限はありません**から、お子さんが3人いれば4500万円、4人いれば6000万円を贈与してもらうことが可能（つまりその分、みなさんが相続する財産を減らせる＝**相続税を減らせる**）というわけです。

では、どのような手続きが必要になるのでしょうか。まず、親に信託銀行などの金融機関に教育資金を一括で預けてもらい、管理してもらいます。

みなさんは、学費などの教育資金目的でこれを使用する場合、金融機関にその都度、お金の請求をします（支払いには、学校からの証明書などの発行が条件となり、税金逃れができないようになっています）。

これは、みなさんのお子さんが30歳になるまでの教育費が対象で、30歳になった段階でお金が余っていたら、その残金についてはそのとき一括で贈与があったという形で処理されます（つまり、贈与税がかかります）。

対象となる教育費は、学校や塾、習い事などに支払う学費や入学金、月謝などになりますが、塾や習い事など学校以外への支払いは５００万円が上限となっています。また、23歳以上になると、習い事など学校以外への支払いは原則として対象外となります。

**先般の税制改正には、相続税の強化をすることによって、少しでも高齢者にお金を使ってもらったり、子どもや孫の世代にお金を移転（贈与）させ、経済を活性化しようという意図があります。**

つまり、この贈与の特例の目的も、親世代のお金を子育て世代であるみなさんに回し、みなさんの教育費負担を減らすことで、消費を活発にしようというものなのです。

ちなみにこの制度は、「孫への教育資金の贈与」といわれていますが、この制度の対象は、**「直系尊属からの贈与」**ということになっています。

**「直系」**というのは、「祖父母→両親→子ども→孫」といった**タテの血縁関係**のことで、「尊属」というのは目上の人のことです。

直系尊属には親も入りますから、みなさんから子どもへの贈与も非課税の対象になりますし、孫だけでなくひ孫への贈与も対象になります。

## 住宅資金を出してもらう

リーマンショックで景気が冷え込んだ２００９年、景気対策として**直系尊属（親や祖父母）からの住宅購入資金の贈与については非課税という制度**ができました。

この制度は、何度かの税制改正を経て、今のところ２０２１年12月まで継続されることとなっています。

住宅を買う世代には30代から40代が多く、教育費もかかって資金的にきつい世代になりますから、教育資金贈与と同様、高齢世代から若者世代へ資金を移転させて個人消費全体を刺激する狙いもあるのでしょう。

購入する時期や消費税の税率によって上限額は変わってきますが、この制度を使うと一気に大きな金額の贈与を受けることができるため、住宅を購入しようとする場合にはぜひ使えるかどうかを確認したいものです。

ちなみに、この制度は毎年110万円の贈与税の基礎控除と併用することができます。

したがって、住宅取得資金であれば、この制度の上限額プラス110万円までは贈与を受けても非課税ということになります。

# 大きな金額の贈与を受けたいとき

大きな金額の贈与を受けたいときや、不動産を贈与してもらいたいときには、**「相続時精算課税」**の制度を使うのがおすすめです。

相続時精算課税とは、「60歳以上の父母または祖父母が20歳以上の子どもまたは孫に贈与した場合」に、通常の贈与税の計算とはまったく違う計算を認めてくれるものです。**２５００万円の特別控除が認められ、税率も贈与の金額によらず一律20%**になります。

こんな制度があるのであれば、毎年１１０万円の基礎控除を使って何度も贈与する必要などないと思われるかもしれません。

実際は、この制度を使ったときには、贈与税で特別な計算が認められる代わりに、**相続のときには贈与を受けた財産を相続財産に足し戻して相続税の計算をしなければなりません**ので、どちらがトクかはケースバイケースです。

相続税の額については、計算された相続税から、すでに相続時精算課税によって払っている贈与税を差し引いた金額を支払います。

もし払っている贈与税のほうが計算された相続税よりも多ければ、すでに払った税金を返してもらえます。相続のときに過去の贈与も含めて精算されるため、「相続時精算課税」という名称がついているのです。

ですから、贈与をしてもらって相続財産を減らすという、通常の贈与で考えられるような節税をすることはできないのですが、たとえば次のようなケースではこの制度を使うメリットがあります。

## ［ケース❶］将来値上がりする財産を贈与してもらう場合

相続時精算課税では、贈与された財産を相続財産に加算することになりますが、その金額は贈与を受けたときの評価額とされています。

ですから、将来値上がりするような株や不動産については先に贈与してもらっておけば、相続が発生したときの相続税は、値上がりする前の安い金額で計算できることになり、値上がり分に対する相続税額を減らせます。

## ［ケース❷］お金を稼ぐ財産を贈与してもらう場合

家賃収入のある不動産や毎年配当をもらえる株などを親がもっていると、毎年、家賃収入や配当の金額だけ親の財産が増えてしまいます。

そこで、お金を稼ぐ財産は相続時精算課税を使って先に贈与してもらっておけば、家賃収入や配当はみなさんに入ることになりますから、相続財産は増えず、結果として将来の相続税を減らすことができます。

## ［ケース❸］住宅ローンや家賃の支払いがある場合

たとえば、2500万円の現金の贈与を受け、相続時精算課税を利用しても、相続のときには2500万円を相続財産に足さなければなりませんから、税金を減らす効果はありません。しかしこのお金でローンを返済したなら、金利の支払いを大きく減らすことはできます。

あるいはこの制度を使って、親から住宅を贈与してもらうなら、この場合も相続税などの税金は変わらないものの、現在家賃の支払いがあるならそれをなくすメリットはあります。

以上が、相続時精算課税が効果を発揮する代表的なケースです。ほかにもメリットのあるケースはたくさんありますので、ご自身でよく調べるか、判断が難しいようであれば、税理士などの専門家に相談してみてください。

## 親に保険をかける

たとえば、みなさんが契約者となって、親御さんが亡くなったら保険金を受け取れる保険の契約をすることで節税するという方法もあります。

具体的には、次のような保険契約をするということです。

**・保険契約者＝子ども（あなた）**
**・被保険者＝親**
**・保険受取人＝子ども（あなた）**

保険の契約者はみなさんなので、みなさんが保険料を支払うことになりますが、この保険料に相当する金額を親から贈与してもらう形をとるのです（年間110万円までは税金がかかりません）。

そうすると、親が亡くなったとき、**みなさんが受け取るこの保険金は、相続税の対象にはなりません。**保険の契約をして保険料を支払っているのはみなさんですから、保険金は親の財産とはみなされないからです（**親が自分に保険をかけ、その保険金をみなさんが受け取る場合は、相続税がかかります**）。

このように保険を使うと、相続税の節税をしながら上手に財産を引き継げます。ただし、**みなさんが受け取る保険金は、一時所得として所得税の対象にはなります。**

「やっぱり税金がかかるのか」と思いますが、課税されるのは受け取る保険金から支払った保険料を引いた残りだけですし、一時所得は税金を計算するうえでかなり優遇されていますから、保険を使わず相続税を払うケースと比較すると、支払う税金はかなり安くなるはずです。

## 生命保険で節税する

先ほどは、生命保険料相当額の贈与を受ける節税方法を紹介しましたが、それ以外にも生命保険を使って節税をするテクニックがあります。

親御さんが保険契約者としてご自身に保険をかけ、保険料を支払われていた場合は、先述したとおり、みなさんが受け取る保険金には、相続税がかかることになっています。しかし、相続人が受け取る保険金の総額のうち、次の金額までは非課税の枠が認められています（税金がかかりません）。

**500万円×法定相続人の数**

たとえば親御さんが、自身にもしものことがあったときのために、生命保険に入られていたとしましょう。法定相続人が3人であれば、**死亡保険金は500万円×3人＝1500万円まで相続税がかからない**ということになります。

生命保険は通常、支払った保険料よりも受け取る保険金のほうが多くなければ、入るメリットはありませんから、親は保険に入るとき、支払う保険料と受け取る保険金を比較することになると思います。

ただ相続税のことを考えるなら、万が一、支払った保険料と受け取る保険金の額が同額であったとしても、**生命保険の非課税枠を使うことで、相続税の金額を減らすことができる**のです。

たとえば151ページの図では、仮に保険料と保険金が同額、かつ、相続税率50％の人を例にしてあります。

生命保険は通常、支払う保険料よりも受け取る保険金のほうが多いですから、やはり生命保険には加入してもらったほうがトクだといえます。

持病があったり高齢になったりしていると、なかなかいい保険に入ることができないので、「生命保険には入らなくていい」と思われる親御さんもいらっしゃいます。

ですが、**相続対策という観点から探してみると、おトクな保険があるかもしれません**ので、一度、一緒に見直してみることをおすすめします。

## そのまま相続 VS 保険加入

### ◉現金1500万円をそのまま相続した場合

現金 1500万円 － 相続税 750万円 ＝ 受け取る現金 750万円

（相続税）1500万円×50%（税率）

### ◉1500万円で受取保険金1500万円の保険に入ってもらった場合

現金 1500万円 － 生命保険料 1500万円 ＋ 受取保険金 1500万円

（生命保険料と受取保険金は）同額

（受取保険金）非課税枠があれば相続税はかからない

＝ 受け取る現金 1500万円

**支払う保険料と受け取る保険金が同額でも、保険に入ってもらったほうが受け取る現金は多い**

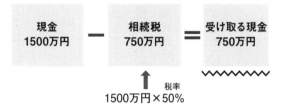

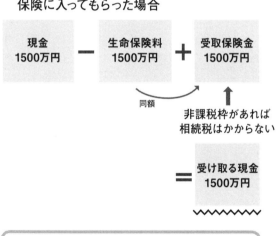

# 子どもを親の養子にする

実は昔から、**自分の子どもを親の養子にする**ということが、相続税対策の一つとして認められているのをご存じでしょうか。

これが可能なら、みなさんに子どもが複数いる場合、その全員を親の養子にすれば基礎控除が一気に増えるのでは、と思うかもしれません。

しかし残念ながら（法律上は何人でも養子になれますが）、相続税の計算上は、実の子どもがいる場合、法定相続人として計算できる養子は1人までとなっています（実の子どもがいない場合は2人まで）。

それでも法定相続人が1人増えると、次のようなメリットがあります。

**・基礎控除が600万円増える**
**・基礎控除が増えることで、税率が下がる可能性がある**
**・死亡保険金や死亡退職金の非課税枠が500万円増える**

ただし、注意も必要です。養子にしたお子さんには、財産を相続する権利はあるのですが、これを無制限に認めてしまうと相続税の計算上「相続税とばし」ができることから、**養子になったお子さんが相続した分の相続税は「2割加算」**されることになっています。

ちなみに、お子さん同様、みなさんのパートナーを養子にすることも可能です。たとえば、みなさんにお子さんがいない場合には、パートナーを親の養子にすることで、子どもが養子になるのと同じ効果を得ることができます。

ただしこの場合、パートナーとの関係が継続しなくなると、大きな問題になりますからご注意ください。

# お墓を買ってもらう

相続税では、基本的にすべての財産が課税対象となりますが、**墓地**や**墓石**、**仏壇**などの財産は、相続財産ではあるものの、**相続税のかからない財産**として取り扱われます。

ですから、先祖代々のお墓がない場合や、仏壇などがない場合は、事前に親に買っておいてもらえると、その分だけ相続税の節税になります（特に、墓地は数百万円するものもあり、節税効果は大きいです）。

ポイントは、相続が発生する前、つまり**親が元気なうちに墓地や仏壇などを購入してもらっておく**ということです。

**親が亡くなったあとにみなさんが買っても、それは相続をした現金で購入したこと**になるので、相続税の対象となってしまいます。

また、**代金の支払いが終わっていなければ相続税がかかってしまう**ことから、親が借金をして墓地を購入した場合や、仏壇の代金がまだ支払い途中であるようなケースでは、未払い分は相続税の対象になってしまいます。

したがって、これらのものを購入してもらったら、なるべく早目に支払いを終えてもらうほうが、節税対策としては望ましいといえるでしょう。

ちなみに、骨董品として取り扱われるような高額な仏具（純金の仏像など）の場合は、相続税の課税対象となってしまうので、節税にはつながりません。

墓地や仏具に限らず、親に先に支払ってもらっておくことで、相続財産を減らすことができるものはほかにもあります。

たとえば、**実家の土地の測量図の作成**がまだであれば、ぜひお願いすることをおすすめします。

相続した土地をみなさんが後日売る場合、あるいは土地で相続税の物納をする場合には、土地の面積をはっきりさせる必要があります。

そのためには、土地家屋調査士に依頼して隣の土地との境界線を確定させたり、測量をして土地の面積を明確にしたりしなければなりません。**これには、それなりの金額（百万円単位のお金）がかかります。**

また、代々受け継いでいる土地などは、実際の土地の面積が登記簿の土地の面積よりも大きかったり小さかったりすることがあります。俗にいう**「縄延び」**（実際の面積のほうが登記簿よりも大きい）・**「縄縮み」**（実際の面積のほうが登記簿よりも小さい）です。

実際には縄延びのケースが多いのですが、なかには縄縮みをしているケースもあります。縄縮みしている場合には、登記簿の面積で相続税の申告をすると、税金を多く支払うことになりますのでご注意ください。
縄延びしているケースでも、相続税の計算において特例を使うことができ、相続税の金額を減らすことができる場合もありますから、測量したほうが有利なケースが少なくありません。

先述したように、**測量や境界確定には百万円単位の費用がかかります**。親御さんがこれを行ってくれていれば、みなさんは費用を負担する必要がなく、かつ、相続財産を減らすことができることから、結果、**相続税のムダが減らせます**。

よくわからない場合には、専門家に相談したうえで、測量しておくことをおすすめします。

## [参考] 相続税の税率

| 法定相続人の取得金額 | 税率 | 控除額 |
|---|---|---|
| 1千万円以下 | 10% | — |
| 1千万円超3千万円以下 | 15% | 50万円 |
| 3千万円超5千万円以下 | 20% | 200万円 |
| 5千万円超1億円以下 | 30% | 700万円 |
| 1億円超2億円以下 | 40% | 1,700万円 |
| 2億円超3億円以下 | 45% | 2,700万円 |
| 3億円超6億円以下 | 50% | 4,200万円 |
| 6億円超 | 55% | 7,200万円 |

**例：相続する財産が3億円の場合の相続税額**

3億円×45%－2,700万円

॥

1億800万円

第5章

# 不動産でやっておくこと

# 自宅を相続するとは？

**「自宅の不動産しか相続財産がない」**という場合、その不動産の評価額が高いと、みなさんが相続しなければならなくなったとき、相続税の支払いのために自宅を売却しなければならないこともありえます。

そこで、生活に必要な自宅を手放さなくてもいいように、土地の評価額を一定分だけ減額してくれる特例があります。これを**「小規模宅地等の特例」**といいます。

「小規模」とは、**面積３３０㎡までの広さの土地**のことで、**評価額の80％の減額**を受けることができます。

ただし、この減額を受けられるのは、次のいずれかの人が自宅を相続した場合になりますので、注意してください。

- **配偶者（妻または夫）**
- **亡くなった方と同居していた親族**
- **過去3年間持ち家に住んだことがない親族**

この小規模宅地等の特例については、適用できるかどうかの要件が細かく決められています。実際に使えるかどうかは、ご自身でよく調べるか、税理士などの専門家に相談してみてください。

# 自宅の評価額を知る

みなさんが相続について考えるとき、最も気になる不動産は、自宅（親が住んでいる家）ですよね。一軒家の場合もマンションの場合もあると思いますが、相続の準備をするにあたっては、まず**「自宅の評価額がいくらなのか？」**を調べることが大事です。

これは遺産分割をするうえでも、相続税の計算をするうえでも重要です。自宅を評価するときは、「土地」と「建物」に分けて評価します。

**［土地の評価額］**

これにはさまざまな指標による、さまざまな評価額が存在します。

- **公示価格に基づいて計算した評価額**
- **路線価に基づいて計算した評価額**
- **不動産鑑定士による評価額**
- **固定資産税の評価額**
- **近隣の売買事例から計算した評価額**

評価額によって相続税や贈与税の金額が変わりますので、まずはこれを知ることが重要ですが、相続税（贈与税も同じ）では、土地は基本的に「**路線価**」を使った評価額が使われることになっています。

この路線価とは、国税庁が毎年7月に公表する、全国の土地価格の指標です。

簡単にいうと、**土地が接している道路に値段をつけた**ものです。

道路に面している土地は、それぞれ1㎡あたりいくら、という値段がついています。路線価は当然、地域によって変わり、都心部は高く、都心から離れるほど安くなります。

また、同じ都心部でも、大通りに面している土地は使い勝手がいいため、裏道にある土地よりも値段が高くなります。

土地の評価額をざっくりと計算するなら、次のようになります。

**路線価 × 土地の面積 ＝ 土地の評価額**

国税庁のＨＰを検索すると、この路線価は簡単に調べられますので、親の土地がいくらになるかを、まずは計算してみるといいかもしれません。

地方の土地には路線価がないものもありますが、その場合には、毎年支払う固定資産税の評価額に一定の倍率をかけて計算をすることになります（これを**「倍率方式」**といいます）。

固定資産税の評価額は、年に一度、6月くらいに市区町村から届く**固定資産税の通知**に書かれた金額を見ればわかります（あるいは、市区町村役場などで確認することも可能です）。

## 【建物の評価額】

建物についてもさまざまな評価方法がありますが、相続税の計算では固定資産税の評価額で評価することになっています。

建物の評価も、6月くらいに届く固定資産税の通知に書かれていますので、確認させてもらいましょう。

# いらない不動産は現金化してもらう

**「親が、使っていない土地をもっている」**

**「親が、空室だらけの賃貸用の不動産をもっている」**


こんな悩みを抱えている方も多いのではないでしょうか？

こうした土地をみなさんが相続することになれば、相続税がかかります。

いらない不動産のために税金を支払うなんてもったいないですし、もしみなさんにお金がなければ税金を払うことができませんから、その分の土地を国に取られてしまいます。

相続対策というと相続税対策だけを考えてしまいますが、実は、相続対策は次の順番でしなければならないといわれています。

**①財産の分割（いわゆる「争族」を起こさないように対策を立てる）**
**②納税資金の準備**
**③相続税対策（親の生前から節税をしていく）**

親御さんが亡くなったあと、特にみなさんが困るのは、兄弟間などで争いが起きること（①）と、払わなければならない相続税が支払えないこと（②）です。

たとえば、みなさんが預金1億円を相続したとき、相続税が2000万円かかっても、みなさんは相続したお金でこれを支払うことができます。

しかしながら、1億円の土地を相続してしまうと、みなさんは相続税200

0万円を自分がもっている預貯金（現金）で支払わなければなりません。

**これって、とても大変ですよね。**

つまりみなさんは、相続税対策をするとき、納税資金についても考えておかなければならないということです。

ちなみに**相続税は、「現金」で「一括」で支払うことが大原則**です。

これが無理だと認められる場合には、分割払い（これを「**延納**」といいます）ができますが、何年かに分けて支払いをすることになりますので、金利を支払わなければなりません。

さらに、分割払いも難しいと認められた場合には、不動産など物で支払うこと（これを「**物納**」といいます）が認められていますが、これは一括でも分割でも支払うことができないと認められた場合だけです。

ですから、みなさん自身に預貯金があれば物納はできませんし、預貯金がなくても相続税を支払える程度の収入がある場合には、その収入で分割払いができると判断されることから、やはり物納は認められません。

いらない不動産を相続して、さらに苦労して税金を支払わされるなんて、困りますよね。ですから、**親が元気なうちに、いらない不動産があれば売却してもらっておくのが得策**です。

もっている本人がいらないと考える不動産ですから、その価値がどんどん下がっているというようなこともあるでしょう。その場合、相続税の評価額より実際に売るときの金額のほうが安いというケースもありえます。

そのような場合は、不動産を売って現金化することで、相続税の節税にもなりますから、積極的に売却を検討してもらってください。

## 親に引っ越ししてもらう

繰り返しになりますが、相続税の計算をするうえで、親の家については、土地の評価額を最大で330㎡まで80%減額してくれる特例（小規模宅地等の特例）が認められています。

この特例は、相続税の支払いのために、生活に必要な不動産を手放さなくてすむよう、土地の評価額を引き下げてくれるというものです。

さて、この小規模宅地等の特例ですが、減額される土地の面積には330㎡という上限がありますが、金額に制限はありません。都心の高い土地でも地方の安い土地でも、330㎡までは80%減額できることになっています。つまり、**土地の値段の高い都心のほうが地方よりも減額幅が大きい**ということです。

## 小規模宅地等の特例とは？

1億円の土地（330㎡以内）

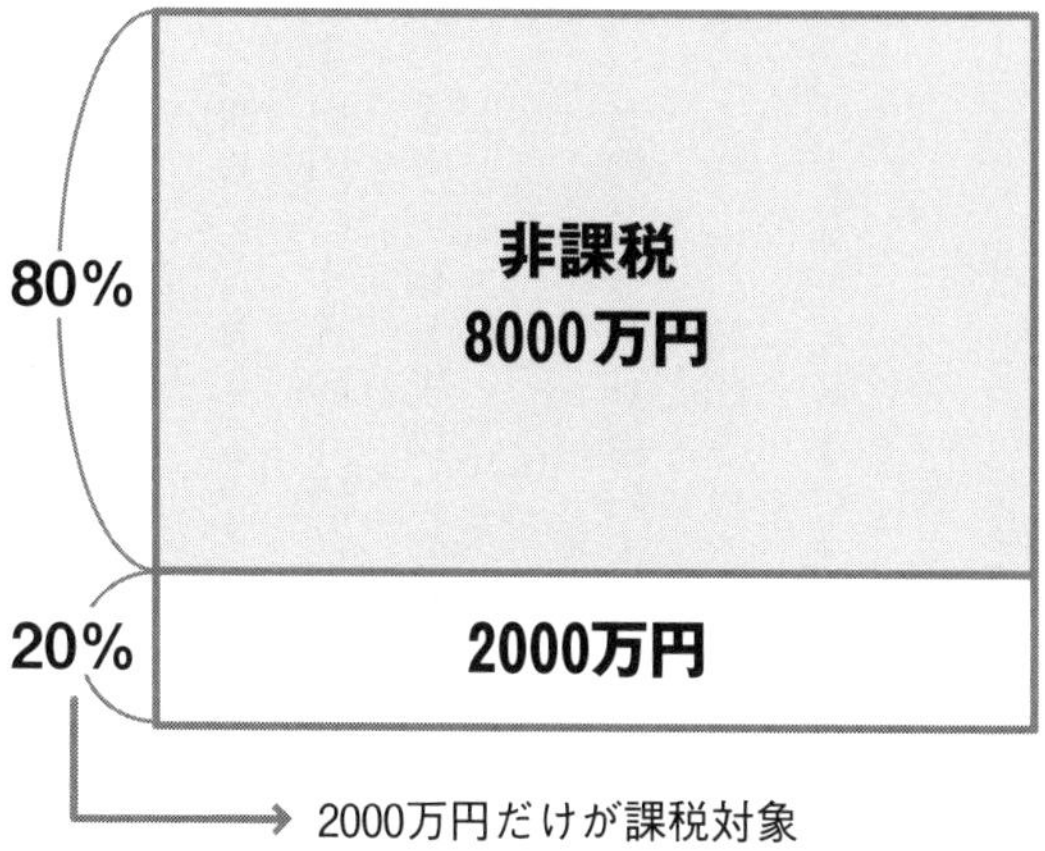


### ◉特例が使えるのは

① 配偶者

② 相続前から同居していた親族
（引き続き住み続ける必要あり）

③ 過去３年間持ち家に住んだことがない親族

——のいずれかが相続した場合

たとえば、評価額が1億円の2つの土地（Ⓐ都心の330㎡の土地、Ⓑ地方の3300㎡の土地）があったとします。

まず、Ⓐの都心の土地は330㎡以内ですから、条件を満たせば小規模宅地等の特例によって80％の減額対象となります。

したがって、1億円の土地の評価額は8000万円減額されて、2000万円になります（つまり、相続税はこの2000万円についてだけかかります）。

これに対して、Ⓑの3300㎡の土地は、上限の330㎡までしか減額できません。次の図のように、減額される金額は800万円のみとなり、土地の評価額は9200万円となってしまいます。

## 比べてみよう

**Ⓐ** 都心の330㎡の土地（1億円）

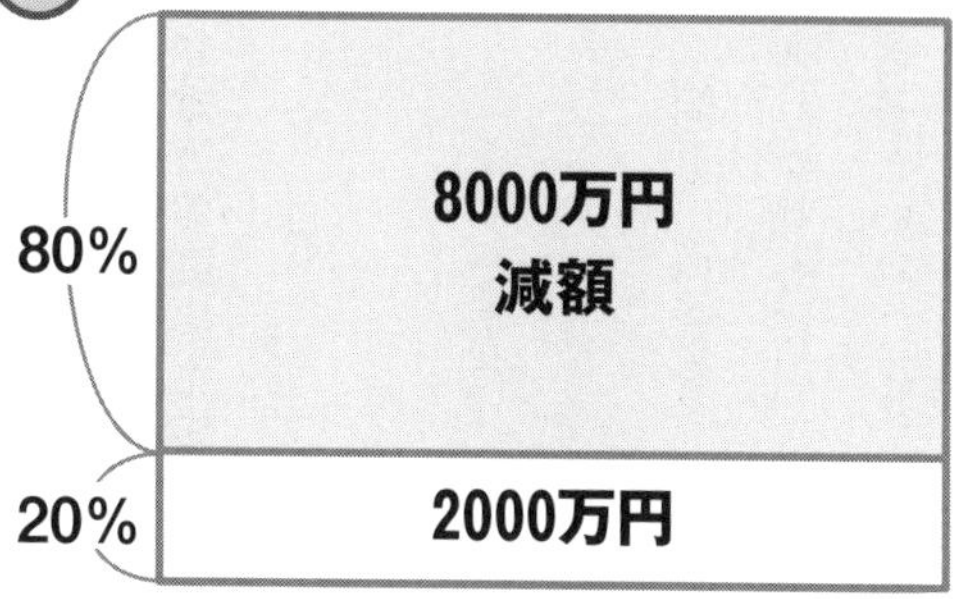


1億円×80%＝8000万円の減額

**土地の評価額　2000万円**

**Ⓑ** 地方の3300㎡の土地（1億円）

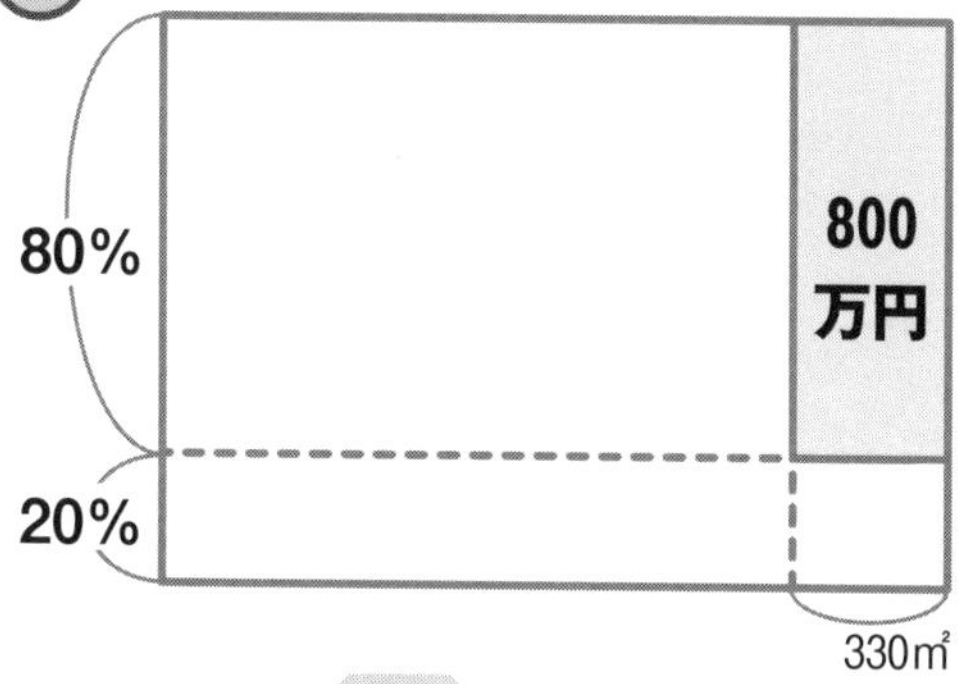


1億円× $\frac{330}{3300}$ ×80%＝800万円だけ減額

**土地の評価額　1億円－800万円＝9200万円**

同じ1億円の土地なのに、7200万円も評価額が変わってしまうのであれば、相続のことだけを考えると、

**親御さんが地方の広い土地に住んでいるときは、都心に引っ越してもらうとトク**

ということになりますね。

もちろん、簡単に自宅を引っ越しできるとは限りませんが、もし引っ越しができるのであれば都心に引っ越してもらうことで、相続税の金額を大幅に減らすことができるということです。

都心部への引っ越しは、小規模宅地等の特例が使えない場合でもメリットが

あります。

相続税や贈与税において、先述したとおり、土地は「路線価」に基づいて評価をしますが、一般的に、**地方だとその評価は、実際の相場の70%~80%程度、都心部では50%程度のところもある**といわれています。

ですから、相続税のことを考えたら、地方の土地を相続するよりも、都心部の土地を相続したほうが、実際の価格と比較すると税金の負担が軽くなる場合が多いということになります。

## 二世帯住宅を建ててもらう

親御さんがもっている土地に家を建ててもらい、みなさんが同じ敷地内に住む場合、**家を2つ建てるケースと二世帯住宅を建てるケース**が考えられます。自分の家があったほうがいいから別々に家を建てたいと思うかもしれませんが、実は**家の建て方によっても税額が大きく変わってくる**可能性があります。

先述した小規模宅地等の特例は、親の自宅部分しか対象にならないため、敷地を半分にして別々に家を建てる場合には、特例は親の自宅部分である半分しか使えないことになります。

これに対して二世帯住宅の場合には、土地全体を親の自宅として、小規模宅地等の特例を使うことができるのです。

また、小規模宅地等の特例を使うための要件の1つに、**親と「同居」しているということがあります。**

二世帯住宅が「同居」しているといえるかについては、以前は内階段や内廊下でつながっているなど、二世帯を家の中で自由に行き来できる構造でなければ「同居」とはみなされませんでした。

しかし今は、外階段しかなく完全に1階と2階が独立しているような家であっても、**二世帯住宅でありさえすれば「同居」とみなされる**ことになり、小規模宅地等の特例を使うことができるようになっています。

ですから、**税金のことを考えるのであれば、二世帯住宅を建てたほうがおトク**というわけです。

## 空いている土地にアパートを建ててもらう

一口に土地といっても、**「空き地」「駐車場」**、**「家」**や**「ビル」**が建っている土地、**「畑」**や**「田んぼ」**など、利用方法はさまざまですよね。また、土地を自分で使っているケースと、人に貸しているケースもあります。

親が自分でその土地を使っている場合には、いつでもそれを自分の好きなように使ったり、売ったりすることができます。一方、人に貸している土地で借主がそこに家を建てているような場合や、親がそこにアパートを建てて人に貸しているような場合には、建物に住んでいる人がいますから、ここを相続したとしても、簡単に出ていってもらうことはできません。

このように、**土地の利用に制限のある土地は、いざ売却しようとしても、買い手がつきにくいため、値段も安くなります。**

そこで相続税の計算上も、このような土地の評価を安くしてくれることになっています。

たとえば、親が土地を人に貸して借主がその土地に家を建てているような場合、借主はその土地を利用する権利（これを「**借地権**」といいます）をもちます。

そうなると親は、権利の一部を借主に取られてしまっていることになりますから、この土地を相続したとしても、土地の評価額は評価額から借地権の評価額を引いたものになり、大きく減額されることになります。

「**相続税対策にはアパートを建てろ**」とよくいわれますよね。これは、親が仮にアパートを建てた場合、土地も建物も親の所有なのですが、アパートでは部屋の借主が住む権利（借家権）をもつこととなり、土地を自由に利用することができなくなるうえ、仮にアパートを壊すような場合には、立ち退き料を支払わなければならないことから、一定割合の減額をしてもらえることになっているからです。計算式は次のようになります。

**土地の評価額×（1－借地権割合×借家権割合）**

借地権割合はおおむね50～60％程度。借家権割合は30％となっていますから、**アパートを建てると土地の評価額から15～20％程度の減額をすることができます。**

また、アパートは建物についても減額があります。

建物は、固定資産税評価額で評価しますが、人に貸している建物は30％引きで評価していいことになっています。２０００万円の建物であれば、１４００万円で評価をすることができます。

ただこのように、アパートを建ててもらうと、確かに相続税対策にはなりますが、もしこれから建てるなら、**一番大事なのはアパート経営自体が儲かるかどうか**です。

アパートを建てて預貯金を減らし、さらに土地の評価額を下げて相続税対策をしながら、親には家賃収入を得てもらい、年金の足しにしてもらう。

親の老後にこんなプランが立てられたら最高ですが、せっかくアパートを建てて、相続税が安くなったのに、人が全然入らなくて肝心の家賃収入がなく、赤字を出しては、みなさんが相続する財産を食いつぶしてしまいます。

親子で収支のシミュレーションをして、しっかりと対策をしていきましょう。

# マンションの最上階を買ってもらう

先日、ある親御さんから、次のような質問を受けました。

「不動産屋さんから、**相続税対策として高層マンションの最上階を買う**ことをすすめられたのですが、本当に相続税対策になるんですか？　高層マンションの最上階なんて一番高い部屋なんだから、相続税もたくさんかかるんじゃないですか？」

確かに、高層マンションの最上階というのは高級感が漂っていますから、相続税が高そうですよね。でも、**この不動産屋さんの言っていることは、実は正しい**のです。なぜ、そのようなことが起こるのでしょうか？

マンションも不動産ですから、土地と建物とを分けて評価することになりますが、分譲マンションは一つの土地と建物を所有者がみんなで一緒にもち合って（区分所有して）いますから、土地と建物の評価をするのが少しだけ複雑になります。

一軒家であれば、土地は「路線価×面積」ですぐにでも大まかな金額が計算できますし、建物は固定資産税評価額を調べればすぐにわかります。

**では、マンションの評価額はどうやって決まるのでしょうか？**

土地については、やはり路線価で評価します。マンション全体の敷地の金額を路線価で評価し、それを各住戸の持分割合で按分《あんぶん》します。持分割合は多くの場合、各住戸の面積の割合で、**階層や向きに関係なく各部屋の面積のみを基準に割り振られます。**

建物については、固定資産税評価額で評価しますが、これもマンション全体の金額が各部屋の面積のみを基準に割り振られます。

つまり、同じマンションのそれぞれの住戸の相続税評価額は、**部屋の面積のみが基準**となって全体を割り振ることになるので、部屋の面積が同じであれば、1階も最上階もどの部屋でも同じということになり、マンションの高層階の眺望、ステータスなどはまったく評価に影響しないということになります。

たとえば、50階建てのマンションの50階の南向き、1億円で販売された部屋と、2階の北向き、7000万円で販売された部屋は、**間取り（床面積）が同じであれば相続税評価額は同じ**というわけです。

ちょっと単純化して考えてみましょう。

親に財産が2億円あり、そのうち預金が1億円あったとします。

この預金1億円を親がそのままもっている場合と、1億円でマンション（相続税評価額は5000万円）の最上階を買った場合とでは、相続税の金額は1

## マンションは最上階を買う

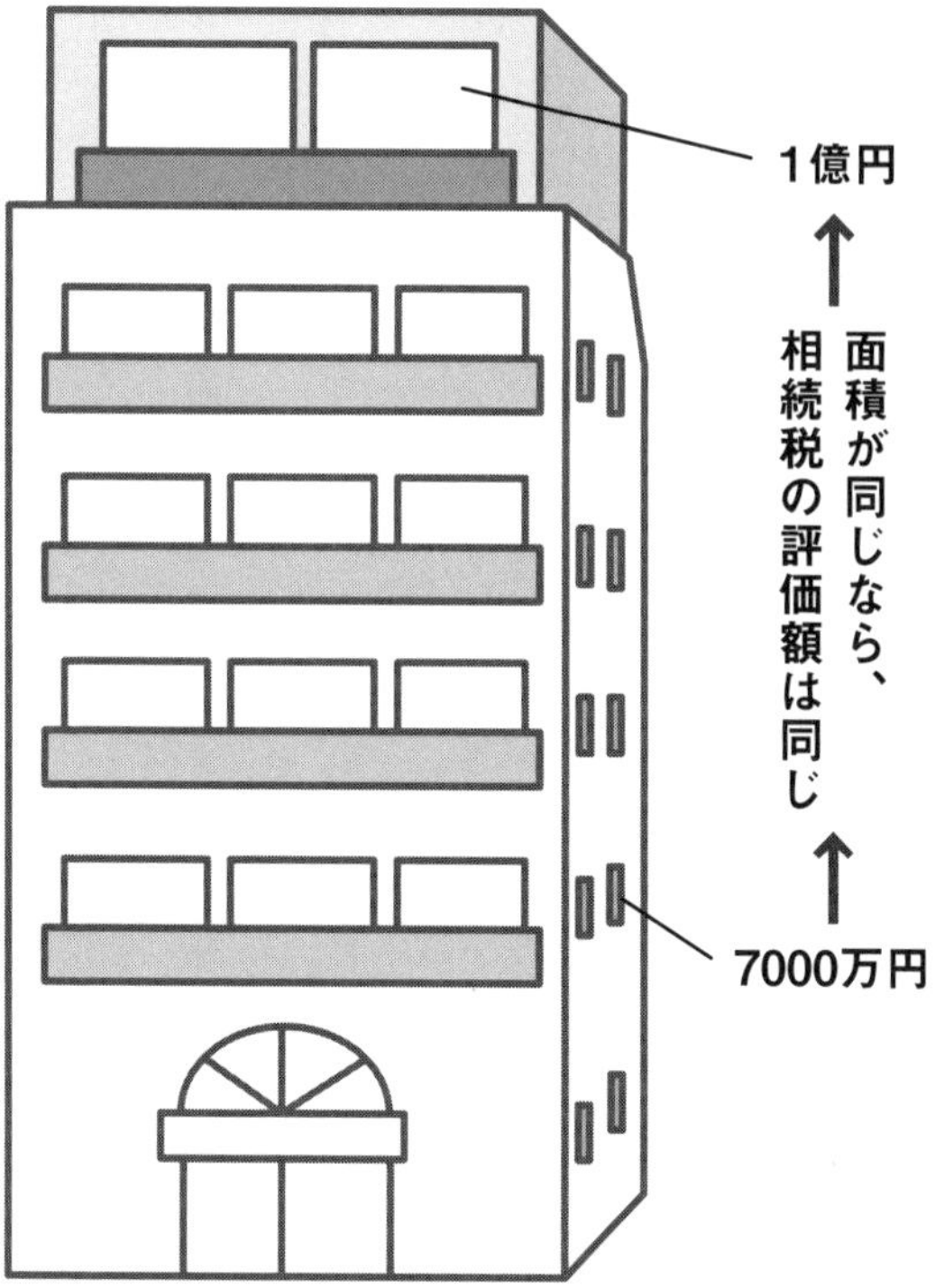


○眺望
○ステータス
○日当たり
などは、評価に影響しない

500万円違います。

相続したみなさんが仮にマンションを売れば、不動産屋さんに支払う手数料や、不動産取得税などの税金を支払ってもおつりがきますから、**相続税対策には高層マンションの最上階がおトク**という不動産屋さんの話は決して嘘ではないのです（次図参照）。

ただし、2017年に高層階の固定資産税評価額を高くして、低層階を低くするような税制改正が行われました。そのため、節税効果は多少薄まりましたが、これが適用されるのは2017年4月以降に新築されたマンションなので、同年3月までに建築された中古物件を買えば、以前と何も変わりません。

もちろん、相続税のことだけを考えてマンションを買うことはないでしょうが、比較検討する際の要素の一つとして、相続税の評価額が販売価格とどれだけ差があるかを調べてみるといいかもしれません。

## 預金1億円の相続のしかた

◉現金で相続する場合

相続税

**1億円** × 30% ＝ **3000万円**

◉1億円でマンションを買ってもらった場合

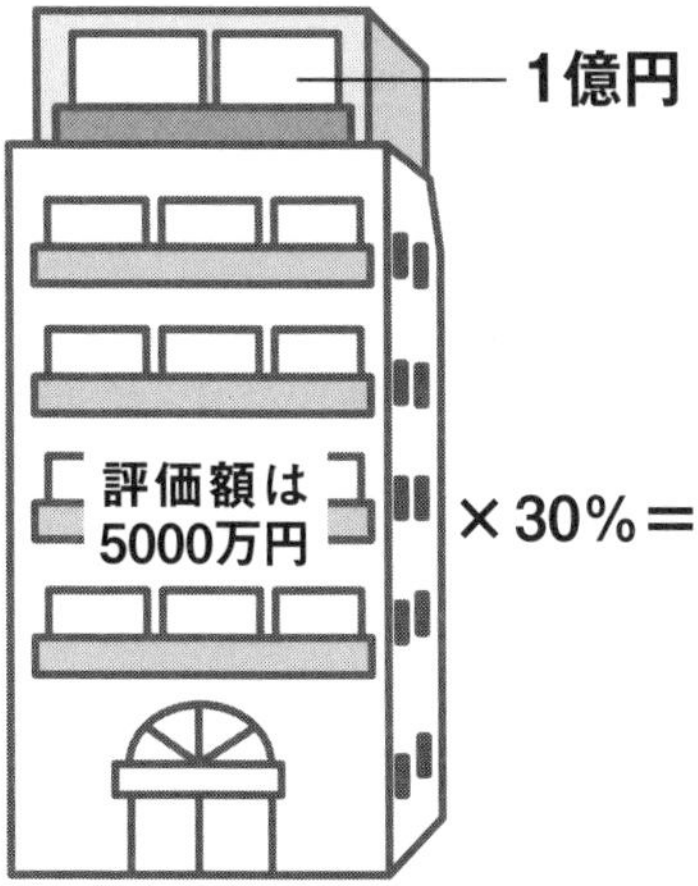


× 30%＝ 相続税 **1500万円**

**1500万円の差！**

**マンションを買ってもらったほうが**
**相続税は1500万円トク！**

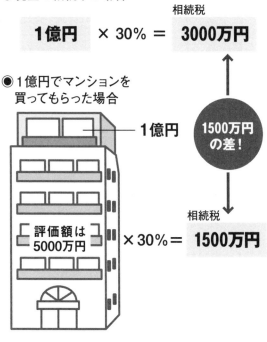

# 土地は2つに分けて相続する

土地のなかには、次ページの図のように、**2つ以上の道路に面している土地**がありま す。このような土地は、どちらからも出入りができるため利便性がよく、評価額が高くなります。

それでは、土地に2つ以上の路線価がある場合、どちらの路線価を使うことになるでしょうか？　できれば安いほうの路線価を使いたいところですが、路線価が2つ以上ある土地は、細かい計算を無視すれば、**金額の高い路線価を使って土地の評価額を決めることになります。**

したがって、次ページの土地Ⓐ、Ⓑの評価額は、どちらも100万円×200㎡＝2億円となります。

## 土地の評価方法

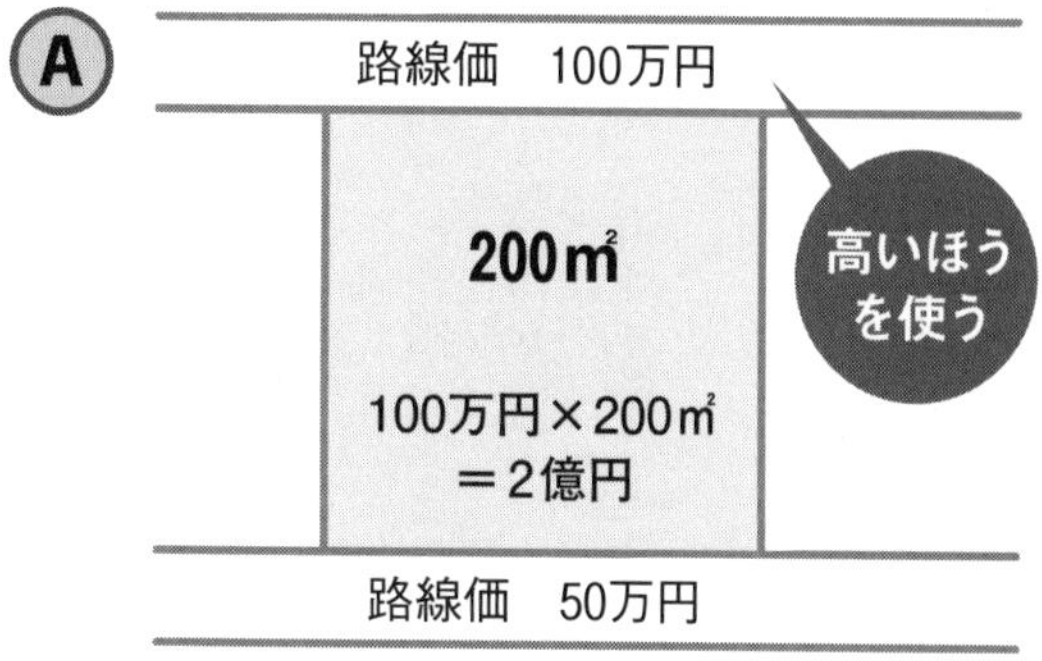
A
路線価　100万円
200㎡
100万円×200㎡
＝2億円
高いほうを使う
路線価　50万円

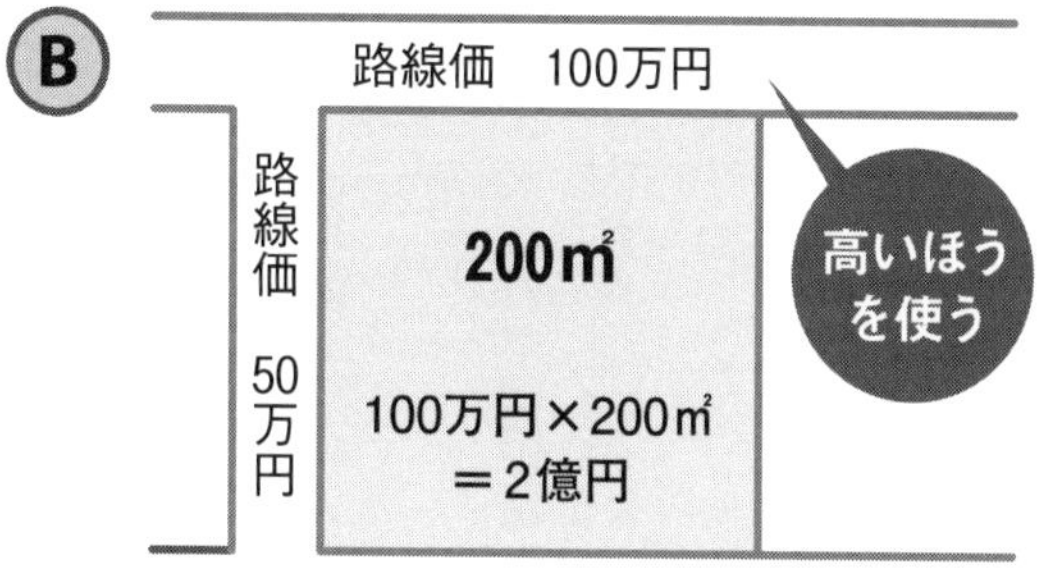
B
路線価　100万円
路線価　50万円
200㎡
100万円×200㎡
＝2億円
高いほうを使う

**高いほうを使うなんて、ちょっと損した気分ですよね。**

そこでこの土地の金額を、相続のやり方で大きく減らす方法があります。

実は、この土地を全体で評価しなければならないのは、土地全体を1つの区分として利用しているときだけです。ということは、土地を2つに分けてしまえば、それぞれ別々に評価をすることができるのです。

つまり、土地を2つに分けて、みなさんと兄弟の2人で別々に相続をする場合は、土地を別々に評価することができるということです。

次ページのケースでは、土地を2つに分けるだけで、評価額が5000万円も減額されます。「**そんなこと知らなかった!**」とならないよう、上手に相続してください。

## 2つに分けるだけで
## 評価額を5000万円減額できる

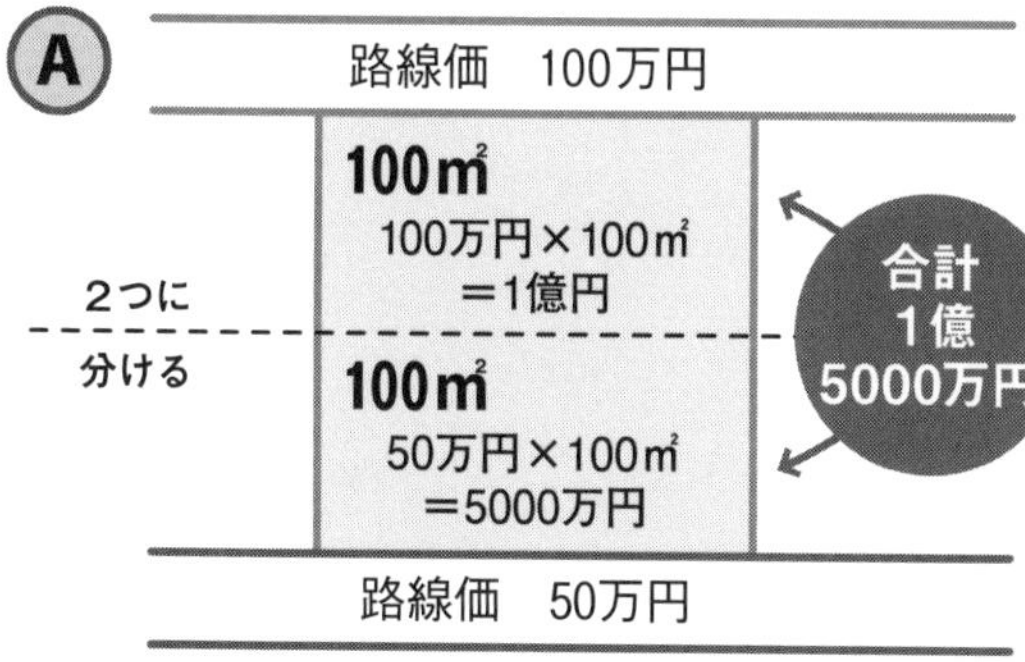


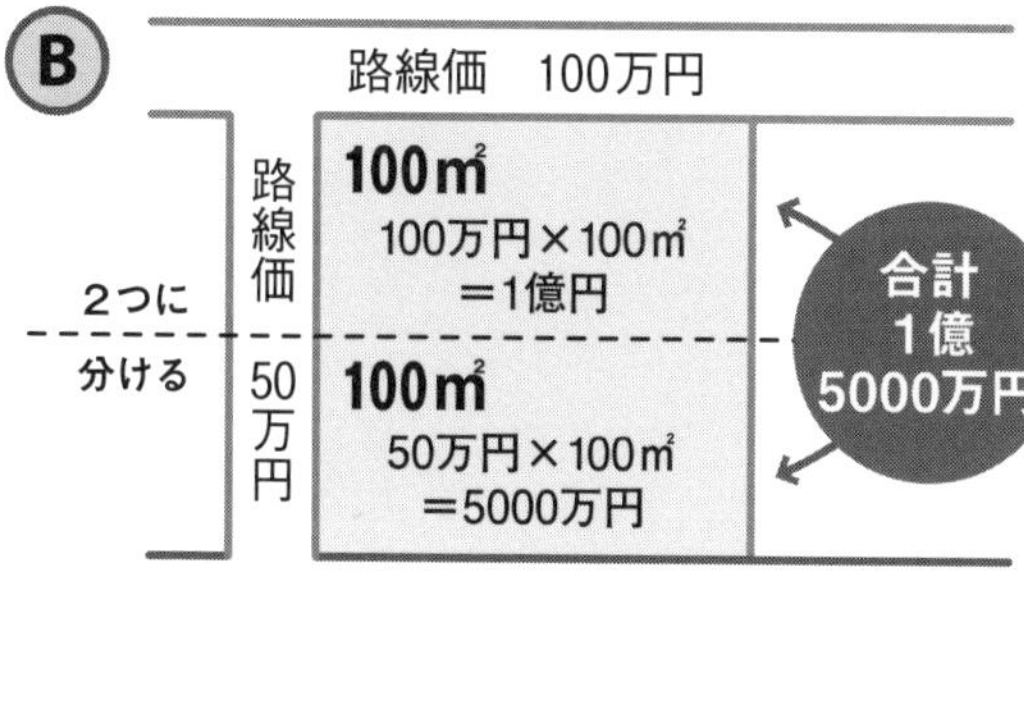

第6章

# 親の死後にやるべきこと

# 相続財産を洗い出す

親が亡くなり、実際に相続が発生したとき、みなさんがまずしなければならないのは、すべての相続財産（債務を含む）を特定することです。

遺産をどのように分けるかを決めるためにも、また相続税の申告をするためにも、まずは**財産の特定**をしなければなりません。

親御さんが遺言書を作成してくれていたとしても、そこにすべての財産が記載されているかどうかはわかりませんから、みなさんで財産を特定していかなければなりません。

これを事前に聞いていないなら、まずは自宅の金庫や貸金庫など、財産を特定するヒントとなりやすい場所を探したり、親に届く郵便物などから銀行、証券会社、保険会社を特定したり、タンスや机など重要なものがしまってありそうな場所からあたりをつけていくことになります。

**銀行や証券会社などの金融機関は、相続人が問い合わせをしに行けば、その金融機関と取引していたかどうかを教えてもらうことができます。**

たとえば、家に残されているものや郵便物から「この銀行のこの支店に口座がありそうだ」ということがわかったら、直接問い合わせに行けば確認をしてもらえます。

もし取引があった場合には、**「残高証明書」**というものを発行してもらってください。残高証明書の日付は、相続発生日（つまり親が亡くなった日）になります。

残高証明書があれば預金の残高はわかりますが、その他の財産を探したりするために、**亡くなった日以前の取引履歴も一緒に依頼する**といいでしょう。

お金の流れをつかむことによって、たとえばほかの金融機関にお金を振り込んでいることがわかれば、ほかの金融機関の口座が判明したり、毎月同じ人から入金があれば、他人にお金や不動産を貸していることもわかるかもしれません。

残高証明書や入出金の履歴は、金融機関によって手続きに必要な書類や申請の方法が違います。**戸籍謄本**や**印鑑証明書**などが必要な場合が多いですが、まずは手続きをするにあたって、何が必要になるかを金融機関に問い合わせて確認しましょう。

不動産については、**権利証**や**登記簿謄本**などがあればいいのですが、もし細かいことがわからなければ、不動産があると考えられる市区町村役場に行って、**「名寄帳《なよせちょう》」**を交付してもらってください。

この名寄帳によって、親の名前で登録されている不動産があるかどうかを確認することができます。名寄帳は固定資産税を課税するために、各市区町村が不動産の一覧表を作成しているもので、申請すればすぐに発行してもらえます。

相続税の税務調査が入って、相続人が本当に知らない預金や不動産が出てきて、申告漏れを指摘されることもありますから、相続人が存在を知らずにそのまま放置されている財産というのは意外と多いのかもしれません。

財産の調査にこれで十分ということはないのでしょうが、できる限り手を尽くすようにしてください。

# もし親に借金があったら

相続はすべてのプラス財産とともに、借金などマイナスの財産もその対象となります。

ですから、たとえば親御さんが事業に失敗して多額の借金を負っていて、プラスの財産よりもマイナスの財産が多い場合は、みなさんがこれを相続すると、その借金の返済をしなければならないことになります。

みなさんからしてみると、「借金が多いなら相続したくない」ということになりますが、**このような場合は相続するかしないかを、相続人であるみなさんが自分で決めることができます。**

相続には、プラスの財産もマイナスの財産もすべてを相続する**「単純承認」**のほか、相続人が財産を相続しなくてすむ方法として、**「相続放棄」**または**「限定承認」**があります。

「相続放棄」とは、プラスの財産もマイナスの財産も、一切相続しないというもので、相続人それぞれが単独で決めることができます。

「限定承認」とは、プラスの財産を限度に、マイナスの財産の支払いをするというもの。プラスの残りがあれば相続をし、マイナスが残れば相続しないという方法で、こちらは相続人全員が合意したときだけ選択することができます。

この**相続放棄や限定承認をする場合は、相続を知ったときから3か月以内に裁判所に申述しなければならない**ことになっています。

もし3か月以内に手続きをしないと、自動的に「単純承認」したものとみなされて、みなさんは借金も相続し、返済することになります。

**「そんなことなら、親が生きている間に事前に相続放棄をしたい」**と思うでしょうが、みなさんは親が亡くなって初めて相続の権利が発生するので、相続する権利のない間は相続放棄はできません。

そこで、もし借金が多くてそれを負わされるのは避けたいなら、まずは親御さんに借金があるかないかを調べ、借金がある場合には相続放棄や限定承認をしたほうがいいかどうかしっかり見極めて、**3か月以内に手続き**するようにしてください。

## 相続の3つのパターン

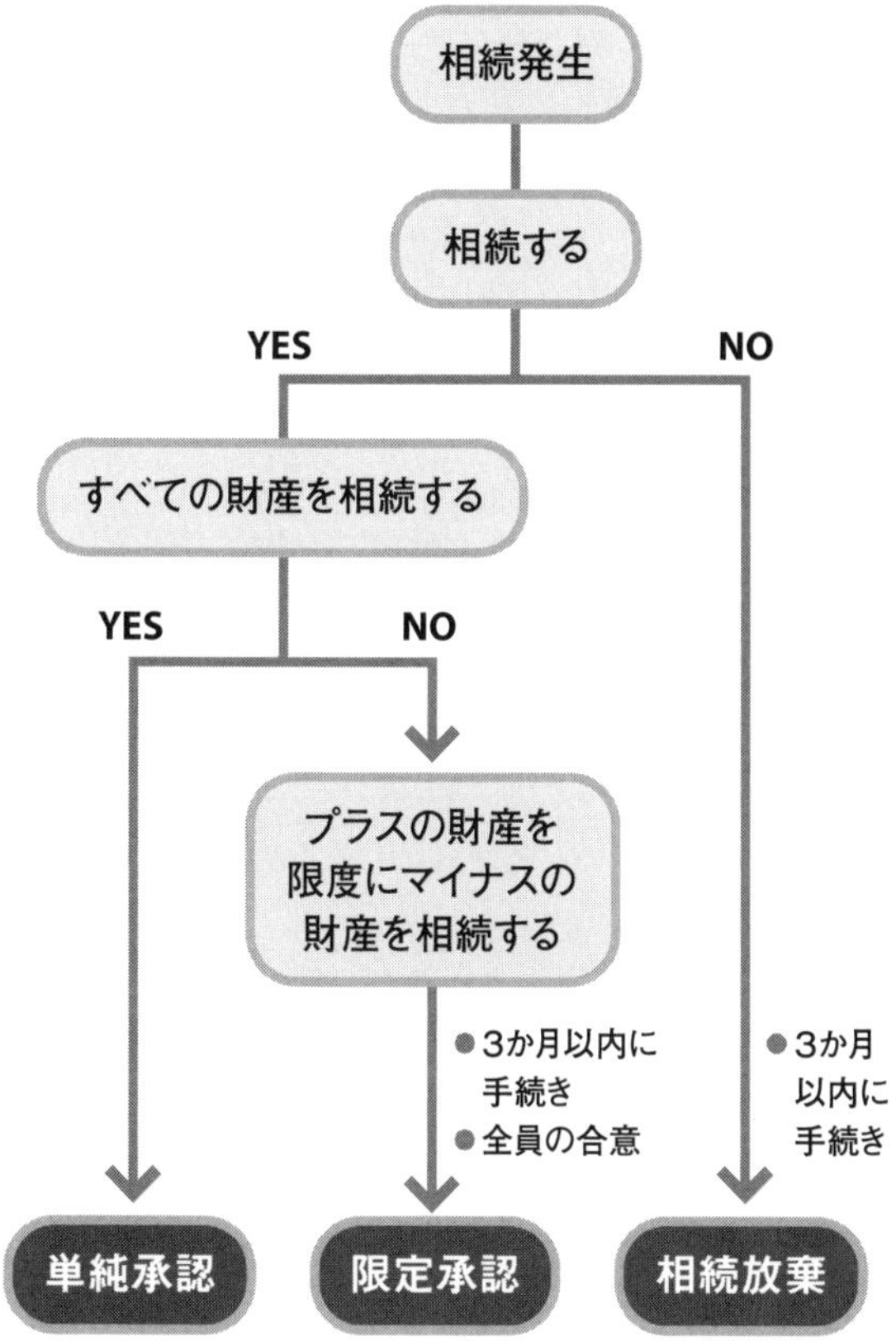
相続発生
相続する
YES
NO
すべての財産を相続する
YES
NO
プラスの財産を限度にマイナスの財産を相続する
●3か月以内に手続き
●全員の合意
●3か月以内に手続き
単純承認
限定承認
相続放棄

# 遺言書どおりに相続しなくてもいい

財産が特定できたら、次はいよいよ**遺産をどうやって分けるか**を決めていきます。

遺言書の内容は法定相続分より優先されますから、遺言書があればそのとおりに相続しなければならないと考えられていますが、実は**必ずしも100％そうではない**ことをお伝えしなければなりません。

意外と知られていないのですが、遺言書に書いてある財産を相続する人が法定相続人だけの場合、**法定相続人全員の合意があれば、親が書いた遺言と違う分け方で相続することができます。**

親が書いた遺言の内容と、みなさんの気持ちが違うこと——たとえば、遺言書には「長男に自宅、二男には預金、三男には株」という遺言があったとしても、みなさんは「長男は預金、二男は株、三男は自宅」が欲しいことってありますよね？

このような場合、**みなさんは必ずしも親の遺言にしたがう義務はありません**。3人が話し合って合意すれば、自分たちの思いどおりに相続することができるのです。

同じように、遺言書で「兄弟仲良く均等に財産を分けるように」と書かれていたとしても、兄弟間で「長男にすべて相続してほしい」という合意があったら、すべての財産を長男が相続することもできます。自分たちの希望があるなら、相続人間でよく話し合いをするようにしてください。

## 分けられないものこそ分ける

**親が残してくれたのは、多少の預貯金と自宅のマンション一室のみ。**

住む家にかかるお金が世界一高いといわれている日本では、相続はこのようなケースが最も一般的かもしれません。実際、国税庁のデータによると、「相続財産に占める不動産の割合は42%」となっています。

自宅と預貯金を子ども2人で相続するような場合、「自宅も預金もそれぞれ半分ずつ相続したい」と考える方も多いのですが、問題は、**自宅は2つに分けることができない**ということです。

現金や預金は簡単に分けることができますが、家やマンションといった不動産は物理的に分けることができません。不動産がいくつかあれば、兄弟で1つずつ分けることもできるのでしょうが、「不動産は自宅だけ」という方がほとんどですから、2つには分けられません。

そこで、兄弟で平等に相続するためには、1／2ずつ一緒にもつことになるのですが、これがあとで大きな問題を引き起こします。

そもそも、不動産を相続するには、次の4つの方法があります。

- **現物分割**
- **換価分割**
- **共有**
- **代償分割**

【現物分割】

これは、不動産そのものを物理的に分ける方法です。ただし、自宅しかない場合には、物理的にこの方法は難しいというのが現実です。

【換価分割】

これは、不動産を売ってお金に換えてから分けるという方法です。この方法もわかりやすくていいのですが、家は誰かが住んでいると売れないということと、売却することによって所得税がかかってしまうという欠点があり、使えないケースが多いです。

【共有】

平等に分けることができ、所得税もかからない方法として、「兄弟で一緒にもつ」のが共有です。相続ではこの共有が選択されることが多いのですが、共有にはさまざまな問題があります。

兄弟それぞれ、生活が順調なときには問題が生じないのですが、どちらかに緊急でお金が必要となった場合に、家やマンションを売ろうとしても、**共有している人の同意が得られなければ、売却することができない**からです。

また、共有が兄弟同士で収まっている間はいいかもしれませんが、どちらかが亡くなれば、その子どもたちが共有者に加わることになったり、配偶者が共有者に入ったりして、共有している人たちの関係はどんどん複雑になっていきます。

自分たちだけのときは、よく知った兄弟同士だからいいですが、子どもや孫の世代になったときに、**争いや面倒のタネ**になることもあります。

**［代償分割］**

これは、**不動産を相続する人が、不動産を相続する代わりに、ほかの相続人にお金（など）を支払う方法**です。あまり知られていないのですが、意外と使い勝手のいい方法です。

たとえば、相続財産が評価額5000万円の自宅と、1000万円の預貯金しかない場合。兄弟2人が仲良く3000万円ずつ分けたいと思っても、自宅は今後も自分が住むので自分が相続することにすると、平等に相続することができません。

そんなとき、自宅は自分がすべて相続する代わりに、自分が現金2000万円を兄弟に渡すようにするのです。そうすれば、ちょうど半分になりますよね。

もし、自分に預貯金がなくて一度に2000万円を支払うことができない場合は、分割払いにしてもかまいません。

このように、不動産を兄弟で共有することは極力避けて、モメずにどちらかが相続できるような手はずを整えることで、**不要な争いを避けることはできる**のです。

## まずは、母親（父親）に相続させる

相続税の計算では、**誰が財産を相続するかによって、相続税の金額が変わる**ことがよくあります。まずこのことを理解しておかないと、ムダな税金を支払わなければならないことになってしまいます。

みなさんが経験する相続は、

- **父親が亡くなったとき**
- **母親が亡くなったとき**

の2回あります。どちらが先かはわかりませんが、親の相続の心配は2回しなければならないというわけです。

**実は、1回目の相続では、みなさんよりも親に相続してもらったほうが、支払う税金を安くできる可能性があります。**

「相続税は、相続する財産がいくらかによって決まるのだから、誰が相続するかは関係ないのでは?」と考えがちですが、必ずしもそうではありません。

たとえば、親の配偶者が財産を相続する場合、配偶者が取得する財産が、

- **1億6000万円以内**
- **法定相続分以内(みなさんのような子どもがいる場合は1/2以内)**

の**どちらかであれば相続税がかからない**という、**配偶者の税額軽減の特例**が

あります。次の図で示すように、大きく相続税を減らすことができます。

ですから、親と子とで財産の配分をするときには、最低1億6000万円までは親に相続してもらうなど、**配偶者の税額軽減を上手に使えるようにすると、ムダな税金を減らせます。**

100億円財産があっても、配偶者は50億円まで相続税がかからない（法定相続分以内）のですから、いくら「早く財産が欲しい」と自分が思っても、相続税のことを考えれば、**少なくとも財産の半分は親が相続するのが得策**というわけです。

## 配偶者の税額軽減

① 配偶者が相続する財産が
1億6000万円以内

↓

**相続税はかからない**

---

② 配偶者が相続する財産が
3億2000万円まで

↓

**1億6000万円分が非課税**

---

③ 配偶者が相続する財産が
3億2000万円超

↓

**相続する財産の半分が非課税**

# 2回目の相続のムダを省く

親の配偶者の税額軽減を使えば税金が安くなると言いましたが、みなさんが心配しなければならない相続は2回あります。

つまり、みなさんが支払う相続税を安くするには、1回目の相続だけでなく2回目の相続も含めて、トータルで考えなければなりません。

「配偶者の税額軽減」を使って1回目の相続では相続税を逃れたとしても、2回目の相続はみなさんだけで相続をしますから、税額軽減は使えません。

**「父の相続では相続税がかからなかったので安心していたら、母の相続のとき**

**多額の相続税が発生してしまった」**

これは子どもにとって、相続失敗の典型例なのです。

1回目の相続の場合には、「配偶者の税額軽減」のほかに、自宅については「小規模宅地等の特例」が必ず使えますから、相続財産の評価額をかなり圧縮することができます。というわけで、相続財産がそれなりにあったとしても、みなさんには相続税がかからない場合があります。

しかしながら、2回目の相続では、配偶者の税額軽減は使えませんし、小規模住宅地等の特例も使えないケースがありますから、一気に相続財産の評価額が上がり、みなさんが支払う相続税が増えることがあるのです。

そこで、**相続税のシミュレーションをするときには、2回目の相続まで考えておくこと**が大事です。

## 「お母さんがこんなに財産をもっていたなんて！」

こんな嘆きもよく聞きます。

これは父親の遺産の相続のときに、配偶者の税額軽減を使って母親が相続したら、実は、母親は母親自身の親の財産も相続していて、財産がたくさんあったため、いざみなさんが相続というときには、ものすごい税金を支払うことになってしまった、というケースです。

相続税の税率は「**累進税率**」といって、財産の金額が多ければ多いほど税率が高くなるしくみになっています。

基礎控除を差し引いて計算された、相続人それぞれが相続する財産の金額が1000万円までの税率は10％ですが、財産の金額によって段階的に税率が上がっていき、6億円超の金額には55％という税率がかかります（158ページ参照）。

ですから、財産をもっている母親が父親の財産を相続してしまうと、みなさんが2回目の相続で支払う相続税の金額が増えてしまい、結果としてまったく節税につながらないということがあるのです。

もちろん、何の対策もしていない場合には、1回目の相続では親に相続してもらうことで、時間稼ぎをするのも大事です。

ですが、親の財産の額によっては、1回目の相続のときに多少税金を支払ってでも、財産をみなさんが相続したほうが、**相続をトータル（2回分）で考えたとき、相続税が安くすむ**ことがあります。

また、親が相続する財産と、みなさんが相続する財産をどのように分けるかによっても、相続税の金額は違ってきます。

2回目の相続のことを考えると、今の評価額は同じでも、**今後値下がりしそうな財産は親が、今後値上がりしそうな財産はみなさんが相続したほうがトクです。**

こうすることで、親が相続した財産は、2回目の相続のときに、値下がりした分だけ税金が安くてすみますし、値上がりした財産を相続することもなくなりますから、税金のムダを省くことができるのです。

このことを考えながら、どうやって遺産を分けるかを考えるのも、ムダを省くためには重要です。**今は同じ価値でも、将来の価値は違う。**

さらには、1回目の相続で毎月家賃が入ってくるようなアパートを親が相続すると、2回目の相続のとき、親が受け取った家賃収入の分だけみなさんが相続する財産が増えてしまうことになります。

このように**お金を稼ぐ財産はみなさんが相続する**ことで、２回目の相続で相続する財産を増やさないようにすることが大切なのです。

**このようなテクニックを使って、２回目の相続のムダを省くことも、相続ではとても重要になってきます。**

親御さんとみなさんが、相続する財産をいかに振り分けるかは、とても大事な問題なのです。

# 財産の名義を変更する

財産を特定することができ、それをどうやって分けるかが決まったら、いよいよ親の財産をみなさんが相続することになります。

このとき意外と手間がかかるのが、銀行や証券会社、不動産などの**名義書き換えの手続き**です。

預金や不動産などを相続したあとは、親の名義からみなさんの名義に変えることになります。

この手続きは、各々必要な書類が違いますから大変です。なかでもみなさんが集めるのが特に大変なのは、実は**親の戸籍関係の書類**です。

「戸籍関係の書類なんて役所に行けばすぐに取れるのだから、そんなに大変ではない」と思うかもしれませんが、これは簡単なものではありません。

預金や不動産の名義書き換えの手続きをするためには、法定相続人が誰かを確定させる必要があります。

なぜなら、名義書き換えの手続きをしたあとで**「実は親に、認知している隠し子がいた」**などということが生じると、手続きをすべてやり直さなければならなくなってしまうからです。

そこで、みなさんは名義変更手続きの際に、親にほかの相続人がいないということを証明するために、**親が生まれてから亡くなるまでのつながりがわかる、連続した戸籍謄本を提出することを要求されます。**

現在の親の戸籍は、結婚をしたあと、つまりみなさんの祖父母の戸籍から出て、親が夫婦として新しくつくったものです。

ですから、親が生まれてから亡くなるまでの連続した戸籍謄本を取ろうとすると、**結婚する前の祖父母の戸籍から調べなければなりません。**

親やみなさんの祖父母が離婚をしているなどで戸籍が複雑だと、これを探し求めるのにとても苦労します。

1994年以降、従来の手書きから戸籍の電子化が進んできましたが、紙ベースではあった情報でも、電子化されていないものもあります。同じようなことが1957（昭和32）年にも一度起こっていますから、より手続きは煩雑です。

このような理由で、いざ名義書き換えという段になって、戸籍謄本をそろえようとすると、名義書き換えまでに時間がかかってしまいます。

そのため、親が亡くなったらできるだけ早く、**親が生まれてから今までの戸籍謄本を一式そろえておく**と、いざ名義書き換えというときスムーズに手続きをすることができます。

ちなみに、**戸籍謄本に有効期限などはありませんから、今から取り寄せの準備をすることも可能**です。親が元気なうちなら、わからないことがあっても話を聞けますから、可能であれば今のうちに戸籍を集めておくといいでしょう。

そうすれば、親が亡くなったあとには、市区町村役場で最新の戸籍謄本さえ取得すれば名義書き換えの手続きができることになり、非常にスムーズかつ、余計な労力をかけずに手続きを進めることができます。

## 相続税の申告をする

実は財産を特定したり、遺産をどうやって分けるかを考えたり、名義書き換えの手続きをしたりすることについて、期限が定められているものはありません（相続放棄や限定承認をする場合には、3か月という期限がありますが）。

ですから、これらの手続きだけであれば、それほどあわてる必要はありません。たとえば**みなさんが、親御さんの財産を10年、20年と放っておいても、実際のところ問題は発生しないのです。**

ただし、いざ手続きをしようとするときに面倒なことになりかねないので、できるだけ速やかに手続きをしたほうが安心であることは確かです。

これに対して、相続手続きで期限が定められていて、実際に相続がはじまった場合、そのスケジュールでみなさんが一番きついと感じるのが、**相続税の申告と納税**です。

**みなさんは、相続開始日（親が亡くなった日）の翌日から10か月以内に、相続税の申告をして相続税を支払わなければなりません。**

相続税の申告をするには、誰がどの財産を相続するかが決まっていなければなりません。つまり、10か月以内に遺産分割を完了させないと、相続税の申告に間に合わないということです。

この申告期限に間に合わないと、「配偶者の税額軽減」や「小規模宅地等の特例」といった相続税法の特典が受けられなくなったり、税金のペナルティを支払わなければならなくなる可能性がありますから、十分注意しなければなりません。

10か月以内に申告ができずに遅れて申告をした場合には、相続税の額に対して**10％のペナルティ**（これを「無申告加算税」といいます）がかかりますし、申告をしていなかったことについて税務署から指摘をされた場合には、**15％のペナルティ**がかかります。

また、申告だけでなく相続税の納税も、10か月以内にしなければなりません。相続した財産に現金や預金がたくさんあれば、それらを使って相続税の納税ができますし、国債や上場株式など、換金しやすい財産を相続できれば、納税に困ることはないかもしれません。

しかし、相続した財産が不動産しかないような場合には、その不動産を売却して現金化してから納税するか、あるいは、相続した人が自分の手持ちの現金や預金から納税しなければなりません。

もし期限までに納税できなかった場合には、金利（こちらは「**延滞税**」といいます）が課されます。現状では、期間に応じて**8・9％の金利**を支払わなければなりません（税率は金利情勢によって変化します）。

時間がないなかで遺産分割を行い、相続税の申告をし、さらには納税資金まで準備して納税しなければならないということになりますから、実際には手続きをどんどん進めていく必要があるのです。

## 兄弟が相続税を支払わなかったら

相続が発生してから10か月後、みなさんは税理士と協力してやっと相続税の申告と納付が終わり、すべて終わってホッと一息つくことでしょう。

一連の手続きでは、**相続税の申告と納付が相続最後のイベント**であることがほとんどですから、みなさんはこれが終わると「相続が終わった！」と非常に喜ばれます。

ところがそんなとき、突然税務署から相続税納付の督促状が届いたら驚いてしまいますよね。

**実は、自分が相続税を支払い終わっても、ほかの相続人が相続税の支払いを**

**していないと、自分も連帯してその相続税を支払う義務**（これを「**連帯納付義務**」といいます）**があります。**

ですからもし、ほかの相続人が相続税の納付をしていなければ、みなさんにも督促状が届くことがあり、最悪の場合には財産を差し押さえられてしまうこともあるのです。

この義務は、「相続で得た利益を限度」とされていますから、自分が相続した財産の金額が上限となりますが、自分が相続した財産が少ない場合は、**その財産のすべてを兄弟の相続税の支払いに使わなければならないというケースもありえます。**

また相続税のほかに、現状では**ペナルティとして1・6％の金利**（これを「利子税」といいます）も支払わなければなりませんから、相続税の金額が大きい場合、これもばかになりません。

そもそも相続税の計算は、遺産総額をもとにして行われ、それぞれの相続人の相続税額は、実際に相続した遺産の割合に応じて計算されます。

ですから、相続税は、相続した財産の中から支払うこととなるため、普通は相続税の支払いができないようなことはありません。

しかし、

- **相続税の支払いをせずに、自分の借金の返済をしてしまった**
- **不動産ばかりを相続したため、納税資金をつくることができなかった**

というようなケースでは、相続税が支払えないことも考えられます。

特に不動産は、なかなか売れないことや、売ろうと思っても希望どおりの金額で売れないことがありますから、注意が必要です。

相続税の申告をしたら、自分の相続税だけでなく、ほかの兄弟がちゃんと支払ったかどうかまで気を配らなければなりませんから、最後の最後まで気を抜けません。

このようなことを避けるには、各相続人が相続税を支払うための金額をそれぞれが相続するように（相続人全員が相続税の納付ができるよう遺産を分けるように）しなければなりません。

それでも心配であれば、相続する金額から相続税を兄弟一緒に納付して、お互いに相続税の支払いが終わったことを確認するといいでしょう。

# 税務調査は忘れた頃にやってくる⁉

相続人全員の相続税の納付が終わると、いよいよこれでホッと一安心。**相続手続きはすべて終了**ということになります。相続した財産も自分の名義になり、あわただしかった日々から普段の生活に戻ることができます。

ところが、それから1年以上が経った頃、みなさんが相続税の申告をお願いした税理士から、

**「税務署から連絡があり、相続税の調査に入りたいそうです。日数は2日間なので、日程調整をお願いします」**

というような連絡が入ります。もう相続税の申告をしたことすら忘れてしまった頃に突然の連絡がきますから、みなさんは動揺するかもしれませんね。

しかも、**「税務調査なんて受けたことがない」**という方がほとんどでしょうから、「税務署がくる」というだけで身構えてしまうかもしれません。

国税庁の公表データによると、ここ数年、相続税の申告対象となる人は年間約11万人。そのうち、チェックのために税務調査が入る件数は、年間約1万2000件ですから、**申告の9件に1件くらいは税務調査の対象**となっていることになります。みなさんにも、税務調査はくるかもしれないと思っていただいたほうが無難です。

では税務署は、どのようにして税務調査の対象を選んでいるのでしょうか？

税務署では申告書が提出されると、その内容をまずは自分たちで調査します。

みなさんの親の過去の確定申告書を調べたり、登記情報や名寄帳で不動産情報を調べたり、金融機関に問い合わせをして、申告されていない預金がないかどうか、または不自然な入出金がないかどうかを調べています。

このような調査に時間がかかるため、税務調査は納税者が忘れた頃にやってくるというわけです。このとき対象となるのは、次のような方です。

- **3億円を超えるような、高額な相続税の申告をした人**
- **事前の調査で申告漏れの財産が見つかった人**
- **過去の収入に比較して、申告されている財産が少ない人**
- **大きな借金があるのに、それに見合う財産がない人**
- **親が亡くなる直前に高額の預金が引き出されている人**

このような人は、申告漏れの可能性が高いと判断され、調査の対象となります。国税庁の発表によると、2017年7月から2018年6月までに行われた相続税の税務調査は1万2576件。このうち、1万521件が申告漏れなどを指摘され、追加で税金を払うこととなったそうです。

つまり、**税務調査が入った場合、追加で税金を支払う確率は80％超（！）**と非常に高くなっていますから、相続税の申告の際には財産をごまかそうとしないよう、くれぐれも注意しましょう。

通常の税務調査では、ドラマで見るような国税局の査察官が来るわけではありません。突然自宅に上がられて、家の中を捜索され、畳の下から金塊が出てくる――こんなシーンをテレビではよく見ますが、これはいわゆる「**マルサ**」といわれる査察官の調査で、そうしたときはすでに一定の証拠をつかんで捜査令状をもってきているものです。

一般の税務調査では、申告が適正であれば、調査官からの質問に答えて必要な資料を提出するだけで税務調査は終わりますので、心配はいりません。

## 税務調査ではここを見られる

通常、相続税の税務調査は2日間にわたります。**最初は本当に簡単な世間話や雑談**からはじまります。初日の午前中、みなさんに聞いてくるのは、

**・親が生まれてから亡くなるまでの経歴や趣味**
**・相続人それぞれについての簡単な質問**
**・親の病歴や死亡時の状況**

で、相続税の申告とは関係ないようなことまで聞かれるのですが、**実は税務署側は、すべての会話から、次のような情報収集をしています。**

## 調査官の会話の意図

| 会話の内容 | 調査官が知りたいこと |
|---|---|
| 被相続人の住所の変遷 | 昔住んでいた場所に預金口座がないか？（海外の口座も含む） |
| 被相続人の職歴 | 本人の収入と比較して、申告されている財産は相当かどうか |
| 相続人の職歴 | 相続人の預金が多い場合、贈与されたものや名義預金はないか |
| 被相続人の性格 | コツコツとお金を貯めるタイプか、散財してしまうタイプか？ |
| 病歴や亡くなったときの状況 | 入院費の出所の確認、亡くなる直前に引き出されている預金の使い道の確認 |
| 日常の生活費 | 収入と比較して多いか少ないか（これによって、残っている財産が変わってくる） |
| 被相続人の趣味 | 生活水準の確認、大きなお金の使い道（旅行など）、ゴルフ会員権や書画骨董のような財産がないか |
| お金の管理 | 本人がしていたか、配偶者がしていたか |
| 相続人の預金口座 | 相続人が知らない預金口座（名義預金）がないか |

彼らは会話だけでなく、自宅の中も観察しています。**壺**や**絵画**など財産価値があるものがないかどうか、銀行や証券会社、保険会社などの**メモ帳**、**カレンダー**、**粗品**などから、申告されていない財産がないかどうか情報を収集しています。

調査官が「**トイレを借りたい**」と言った場合には、本当にトイレに行きたいというだけでなく、トイレにあるカレンダーなども確認しています（銀行からもらったカレンダーであるなら、その銀行との取引がうかがえます）。

さらには、貴重品の保管場所や金庫がある場合には、中身を必ず確認されます。また、「通帳や印鑑を見せてほしい」と言われて取りに行こうとすると、必ず「**一緒に行かせてください**」と言われます。

これは、申告されている以外に銀行や証券会社に口座がないか、あるいは、金庫の中に多額の現金や貴金属などの財産がないかどうかの確認をするためです。同じように、銀行の貸金庫がある場合も、見せてほしいと言われるでしょう。

税務調査にくるということは、ある程度、**疑いの目で見られているという認識をもっておいたほうがいい**ことになります。

税務調査で申告漏れが指摘されると、みなさんは支払わなければならなかった税金を支払うのはもちろんのこと、**追加のペナルティ**を支払うことになります。ペナルティを支払うことのないよう、事前の対策をしておくことが大切です。

# 親が元気なうちからはじめる
# 後悔しない相続準備の本

**2019年法改正完全対応**

発行日　2019年11月30日　第1刷

Author　五十嵐明彦

Book Designer　轡田昭彦＋坪井朋子

Publication　株式会社ディスカヴァー・トゥエンティワン
〒102-0093 東京都千代田区平河町2-16-1　平河町森タワー 11F
TEL 03-3237-8321（代表）　03-3237-8345（営業）
FAX 03-3237-8323
http://www.d21.co.jp

Publisher　干場弓子
Editor　三谷祐一

Editorial Group
Staff　藤田浩芳　千葉正幸　岩﨑麻衣　大竹朝子　大山聡子　木下智尋　谷中卓
林拓馬　松石悠　安永姫菜　渡辺基志

Marketing Group
Staff　清水達也　佐藤昌幸　谷口奈緒美　蛯原昇　青木翔平　伊東佑真　井上竜之介
梅本翔太　小木曽礼丈　小田孝文　小山怜那　川島理　倉田華　越野志絵良
斎藤悠人　榊原僚　佐々木玲奈　佐竹祐哉　佐藤淳基　庄司知世　高橋雛乃
直林実咲　鍋田匠伴　西川なつか　橋本莉奈　廣内悠理　古矢薫　堀部直人
三角真穂　宮田有利子　三輪真也　安永智洋　中澤泰宏

Business Development Group
Staff　飯田智樹　伊藤光太郎　志摩晃司　瀧俊樹　野﨑竜海　野中保奈美　林秀樹
早水真吾　原典宏　牧野類

IT & Logistic Group
Staff　小関勝則　大星多聞　岡本典子　小田木もも　中島俊平　山中麻吏　福田章平

Management Group
Staff　田中亜紀　松原史与志　岡村浩明　井筒浩　奥田千晶　杉田彰子　福永友紀
池田望　石光まゆ子　佐藤サラ圭

Assistant Staff　俵敬子　町田加奈子　丸山香織　井澤徳子　藤井多穂子　藤井かおり
葛目美枝子　伊藤香　鈴木洋子　石橋佐知子　伊藤由美　畑野衣見　宮崎陽子
倉次みのり　川本寛子　王廳　高橋歩美

Proofreader　文字工房燦光

Printing　大日本印刷株式会社

---



ISBN978-4-7993-2568-1